Upskill pour l'IA

Comment garder votre emploi à l'ère de l'IA

Écrit par Louie Hawking
Edité par Cornell-David Publishing House

Indice

emplois en IA

6.1 Explorer les carrières en IA à forte demande et les meilleures stratégies pour vous positionner en tant que meilleur candidat

6.1.1 Rôles professionnels en IA très demandés

6.1.2 Stratégies clés pour sécuriser les meilleurs emplois en IA

6.1 Le marché du travail en IA : carrières à forte demande et sécurisation des meilleurs postes

6.1.1 Rôles clés de l'IA

1. Scientifique des données

2. Ingénieur IA

3. Ingénieur ML

4. Ingénieur en traitement du langage naturel (TAL)

5. Ingénieur en vision par ordinateur

6.1.2 Comment sécuriser les meilleures positions sur le marché du travail de l'IA

1. Développez vos compétences

2. Spécialisez-vous dans un sous-domaine de l'IA

3. Obtenir des certifications et des diplômes

4. Développer un portefeuille solide

5. Réseau au sein de la communauté IA

6. Préparez-vous pour les entretiens

7. Formation à l'IA : Accélérer votre parcours d'apprentissage

7.3 Tirer parti des MOOC, des cours en ligne et des bootcamps pour acquérir des compétences en IA

7.3.1 Cours en ligne ouverts et massifs (MOOC)

7.3.2 Bootcamps de codage en ligne

7.3.3 Apprendre à partir de la documentation du logiciel et du framework

7.3.4 Rejoindre les communautés et forums en ligne liés à l'IA

7.3.5 Apprendre à travers des vidéos et des didacticiels en ligne

7.1 Approfondir les principes de l'IA : maîtriser les fondamentaux

7.1.1 Quels sont les fondamentaux de l'IA ?

1. Adopter l'IA sur le lieu de travail

1.1 La révolution de l'IA : comprendre son impact sur les emplois et les industries

La révolution de l'intelligence artificielle (IA) est à nos portes, et son impact sur les industries et les emplois ne peut être surestimé. L'IA et les technologies d'automatisation progressent rapidement au point où non seulement elles rendent nos vies plus confortables et plus pratiques, mais changent également fondamentalement notre façon de travailler et d'effectuer des tâches. Bien que le sujet puisse évoquer des images dystopiques d'oppression des travailleurs et de pertes d'emplois massives, l'IA n'est pas que sombre et sombre. En comprenant comment l'IA affecte diverses industries et fonctions, nous pouvons mieux nous préparer et adopter ces changements inévitables.

1.1.1 L'importance croissante de l'IA en milieu de travail

Les avantages potentiels de l'IA sont énormes - une efficacité améliorée, une réduction des erreurs humaines et une compétitivité accrue ne sont que quelques exemples. Les organisations du monde entier voient les avantages de l'intégration de l'IA dans leurs flux de travail, avec des systèmes basés sur l'IA qui transforment des secteurs tels que la santé, la finance et la fabrication.

Dans le secteur de la santé, les outils alimentés par l'IA peuvent analyser de grandes quantités de données médicales pour aider les médecins à prendre des décisions plus éclairées concernant les soins aux patients. En finance, l'IA peut examiner des milliers de facteurs économiques en quelques secondes et fournir des informations utilisées pour les décisions d'investissement. Dans la fabrication, l'IA permet une plus grande automatisation, ce qui accélère la production et réduit le risque d'erreur humaine. Ces exemples illustrent comment les technologies d'IA sont devenues un outil indispensable pour les organisations qui cherchent à rationaliser les opérations, à réduire les coûts et à stimuler l'innovation.

1.1.2 Changements de poste basés sur l'IA et besoin d'adaptation

Bien que l'IA ait le potentiel d'améliorer divers aspects de nos vies, elle pose également plusieurs défis. L'une des préoccupations les plus importantes concernant l'IA est son impact sur les rôles professionnels et le marché du travail. À mesure que les systèmes d'IA deviendront plus performants, ils pourront effectuer des tâches qui nécessitaient auparavant un travail humain. Bien que cela conduira à l'obsolescence de certains emplois, il est important de reconnaître que l'IA créera également de nouvelles opportunités.

Par exemple, les outils alimentés par l'IA offrent un vaste potentiel de création d'emplois dans les domaines de l'analyse de données, de la cybersécurité et du développement de logiciels. Au fur et à mesure que la technologie progresse, il y aura une demande accrue de professionnels spécialisés dans les outils et systèmes basés sur l'IA, ainsi que d'experts capables d'intégrer ces outils dans les technologies existantes.

De plus, de nombreux emplois ne seront pas entièrement remplacés par l'IA mais subiront plutôt un processus de transformation. La collaboration homme-IA devrait devenir la norme, les employés utilisant des outils basés sur l'IA pour améliorer leurs capacités et accroître leur efficacité dans leurs rôles. Les travailleurs qui s'adaptent à ces changements et améliorent leurs compétences en apprenant à travailler aux côtés de l'IA seront moins susceptibles de voir leur emploi menacé et seront mieux placés pour tirer parti de nouvelles opportunités.

1.1.3 Se préparer au lieu de travail de l'IA : stratégies clés

Pour adopter l'IA sur le lieu de travail et profiter des opportunités qu'elle présente, il existe plusieurs stratégies clés que les individus et les organisations devraient envisager :

1. **Apprentissage tout au long de la vie et amélioration des compétences** : Alors que le marché du travail évolue en raison de l'intégration de l'IA, il est crucial pour les employés et les demandeurs d'emploi de continuellement mettre à jour leurs compétences et leurs connaissances. Développer une expertise dans les domaines liés à l'IA, tels que la science des données ou les logiciels d'automatisation, peut considérablement augmenter l'employabilité et la valeur pour une organisation.
2. **Mettre l'accent sur les compétences humaines uniquement** : Alors que l'IA excelle dans le traitement et l'analyse de grandes quantités de données, les humains conservent l'avantage dans les compétences non techniques telles que la créativité, l'empathie et la pensée critique. L'amélioration de ces compétences est cruciale, car elles aident à différencier les

individus de l'IA et sont moins susceptibles d'être remplacées par des machines.

3. **Adopter un état d'esprit agile** : le développement rapide de l'IA signifie que le lieu de travail est en constante évolution. Adopter un état d'esprit flexible et adaptatif qui permet de réagir rapidement et efficacement aux nouveaux développements est essentiel pour rester compétitif à l'ère de l'IA.

4. **Favoriser la collaboration entre les humains et l'IA** : comprendre comment collaborer efficacement avec les systèmes d'IA est essentiel pour que les employés améliorent leurs performances et créent un environnement de travail harmonieux où les humains et les machines travaillent ensemble de manière transparente.

1.1.4 Conclusion : saisir les opportunités à l'ère de l'IA

L'IA est là pour rester, et elle façonnera sans aucun doute notre avenir à mesure que nous nous adapterons à ses capacités en constante évolution. Pour prospérer dans cette ère de l'IA, nous devons nous doter des compétences, de l'état d'esprit et des stratégies appropriés pour tirer parti de cette puissante technologie à notre avantage.

En nous concentrant sur l'apprentissage et le perfectionnement tout au long de la vie, en mettant l'accent sur les compétences exclusivement humaines, en adoptant un état d'esprit agile et en favorisant la collaboration entre les humains et l'IA, nous pouvons assurer le succès dans nos vies personnelles et professionnelles. L'ère de l'IA ne consiste pas à rivaliser avec les machines, mais à saisir les opportunités qu'elles présentent et à les utiliser pour transformer notre travail et nos vies pour le mieux.

1.1 L'avènement de l'intelligence artificielle : la quatrième révolution industrielle

Historiquement, les révolutions industrielles ont modifié le paysage du travail et ont créé d'importants changements socio-économiques. La première révolution industrielle nous a apporté la vapeur, la production textile mécanisée et les chemins de fer. La seconde a introduit l'électrification, la production de masse et les chaînes de montage. Le Tiers a inauguré les technologies numériques, les ordinateurs et les processus automatisés.

Aujourd'hui, nous sommes à l'aube de la quatrième révolution industrielle, une ère définie par la fusion des mondes physique, numérique et biologique. Au cœur de cette révolution se trouvent les progrès rapides de l'intelligence artificielle (IA) et l'intégration de systèmes alimentés par l'IA dans diverses industries. Selon le Forum économique mondial , la quatrième révolution industrielle se caractérise par sa vitesse, son ampleur et son impact profond sur les systèmes par lesquels nous vivons et travaillons. Alors que l'IA imprègne les industries et automatise les tâches traditionnellement effectuées par les humains, les travailleurs du monde entier doivent être préparés aux effets potentiellement perturbateurs de cette nouvelle ère.

1.1.1 L'IA dans le lieu de travail moderne : potentiel et défis

Les technologies d'intelligence artificielle sont devenues de plus en plus sophistiquées et omniprésentes, offrant aux organisations d'innombrables possibilités de rationaliser les opérations, d'améliorer la productivité et de favoriser l'innovation. Voici quelques-unes des façons dont l'IA transforme le lieu de travail :

- Automatisation des tâches de routine, libérant les travailleurs humains pour se concentrer sur des responsabilités plus créatives et stratégiques.
- Améliorer les processus de prise de décision en analysant de grandes quantités de données et en fournissant des informations basées sur des modèles et des analyses prédictives.
- Créer des processus et des expériences personnalisés pour les clients, les employés et les autres parties prenantes.
- Améliorer la collaboration et la communication grâce à des outils alimentés par l'IA, comme le traitement du langage naturel et la reconnaissance vocale.
- Identifier et atténuer les risques, tels que les menaces de cybersécurité, grâce à des systèmes de détection avancés basés sur l'IA.

Malgré son énorme potentiel, la présence croissante de l'IA sur le lieu de travail présente également des défis. Plus particulièrement, les travailleurs sont confrontés au risque de suppression d'emplois en raison de l'automatisation. Le rapport 2020 sur l'avenir de l'emploi du Forum économique mondial estime que d'ici 2025, l'automatisation aura supprimé environ 85 millions d'emplois dans le monde. De même, un rapport de McKinsey sur l'avenir du travail après la COVID-19 suggère que la pandémie a accéléré l'adoption de l'IA, exacerbant encore les problèmes de déplacement d'emplois.

Cependant, l'IA peut également être un moteur de croissance de l'emploi, à mesure que de nouveaux rôles émergent et que les rôles existants évoluent pour s'adapter à l'intégration de l'IA. Selon le même rapport du Forum économique mondial, 97 millions de nouveaux emplois devraient être créés d'ici 2025 en raison des changements technologiques sur les marchés du travail. Cela souligne l'urgence pour les individus de s'adapter à l'ère de l'IA et de développer les compétences nécessaires pour réussir dans ce paysage en évolution.

1.1.2 L'impératif de l'amélioration des compétences à l'ère de l'IA

Face aux perturbations provoquées par l'IA, les employés doivent s'adapter et redéfinir leurs compétences pour rester pertinents dans le milieu de travail moderne. Le processus d'amélioration des compétences implique l'acquisition de compétences nouvelles et avancées pour compléter ou améliorer ses capacités existantes. L'amélioration des compétences permet aux individus de rester compétitifs et attrayants pour les employeurs, qui accordent de plus en plus la priorité à la maîtrise des données, à l'expertise en IA et à d'autres compétences techniques.

Adoptant le concept d'apprentissage tout au long de la vie, les employés doivent investir leur temps et leurs ressources dans le développement continu des compétences. De manière critique, la responsabilité de l'amélioration des compétences incombe non seulement aux individus, mais également aux organisations et aux gouvernements, qui doivent travailler en collaboration pour former une main-d'œuvre prête pour l'ère de l'IA. Cela peut impliquer la mise en œuvre de programmes de formation, le soutien aux établissements d'enseignement ou l'investissement dans des programmes d'études qui permettent aux générations futures d'acquérir les compétences nécessaires.

De plus, se concentrer uniquement sur l'expertise technique est insuffisant. À mesure que les systèmes d'IA deviennent plus aptes à gérer les tâches cognitives, l'importance des qualités humaines uniques, telles que l'intelligence émotionnelle, la créativité et la pensée critique, sera amplifiée. Par conséquent, les individus doivent s'efforcer d'acquérir un ensemble de compétences équilibré qui combine la culture de l'IA avec des compétences non techniques, se positionnant pour exceller à l'ère de l'IA.

1.1.3 Naviguer dans l'ère de l'IA : conserver votre emploi, en trouver un nouveau ou créer votre propre chemin

Dans ce livre, « Upskill for AI: How to Keep Your Job or Find a New One in the AI Era », nous plongeons dans le monde de l'IA, explorons son impact sur le marché du travail et fournissons des étapes pratiques pour vous aider à naviguer dans cette transformation. . Cette ressource vous permettra d'acquérir les connaissances nécessaires pour :

- Comprendre l'IA et ses implications pour l'avenir du travail.
- Identifiez les compétences les plus précieuses à l'ère de l'IA, y compris les compétences techniques et non techniques.
- Explorez les options de carrière, à la fois à l'intérieur et à l'extérieur de votre domaine actuel, qui sont bien adaptées à l'ère de l'IA.
- Apprenez des stratégies pour acquérir les compétences dont vous avez besoin pour rester compétitif et recherché sur le marché du travail.
- Tirez parti de l'IA pour créer des opportunités, telles que l'entrepreneuriat ou le travail indépendant.

Alors que nous entamons ce voyage, il est crucial de se rappeler que l'IA est un outil construit par des humains et pour des humains. Le but ultime de l'IA n'est pas de remplacer les travailleurs humains, mais plutôt d'augmenter et de transformer notre façon de vivre et de travailler, nous permettant d'atteindre une plus grande productivité, efficacité et, finalement, d'augmenter la qualité globale de nos vies. En comprenant et en adoptant l'IA, nous pouvons exploiter son potentiel pour le bien et façonner l'ère de l'IA d'une manière qui profite à tous les membres de la société.

1.1 Comprendre l'IA et son potentiel dans le milieu de travail d'aujourd'hui

L'intelligence artificielle, ou IA, fait référence au développement de systèmes informatiques capables d'accomplir des tâches qui nécessiteraient généralement l'intelligence humaine. Cela comprend des activités telles que l'apprentissage, le raisonnement, la résolution de problèmes, le traitement du langage naturel et la perception. Avec les progrès rapides de la technologie de l'IA, elle est devenue une force motrice dans la transformation du lieu de travail moderne. En tant que tel, il est essentiel que les individus comprennent, adoptent et s'adaptent à ces changements pour un avenir meilleur.

1.1.1 Définir l'IA et ses concepts de base

L'IA peut être classée en deux catégories : l'IA étroite (ou IA faible) et l'IA générale (ou IA forte). L'IA étroite est conçue pour des tâches spécifiques, tandis que l'IA générale vise à créer des machines capables d'effectuer n'importe quelle tâche intellectuelle qu'un être humain peut effectuer. La plupart des systèmes d'IA actuels sont des exemples d'IA étroite, comme la reconnaissance vocale, la classification d'images, le traitement du langage naturel ou les jeux comme les échecs ou le go.

Il existe plusieurs concepts de base dans l'IA, dont certains incluent :

- **Machine Learning (ML)** : Un sous-ensemble de l'IA axé sur le développement d'algorithmes qui permettent aux ordinateurs d'apprendre à partir de données et de faire des prédictions ou de prendre des mesures basées sur ces données.
- **Deep Learning** : Un type d'apprentissage automatique utilisant des réseaux de neurones artificiels, conçus pour imiter la façon dont le cerveau humain traite les informations.
- **Apprentissage par renforcement** : Un type d'apprentissage automatique où un agent apprend à prendre des décisions en interagissant avec son environnement et en recevant des commentaires sous forme de récompenses ou de pénalités.
- **Traitement du langage naturel (TLN)** : La capacité des ordinateurs à comprendre, interpréter et générer le langage humain d'une manière à la fois significative et utile.
- **Computer Vision** : La capacité des machines à recevoir, analyser et comprendre le contenu d'images ou de vidéos numériques afin de donner un sens au monde qui les entoure.

1.1.2 L'état actuel de la technologie de l'IA et son impact sur le marché du travail

Les technologies d'intelligence artificielle d'aujourd'hui ont évolué bien au-delà des systèmes traditionnels basés sur des règles et sont alimentées par des données à grande échelle et de puissantes capacités de calcul. L'IA est intégrée dans divers secteurs tels que la santé, la vente au détail, la finance, la fabrication et les transports.

Certaines des principales applications d'IA ayant un impact sur le marché du travail incluent :

- **Automatisation** : les systèmes basés sur l'IA peuvent automatiser des tâches complexes et répétitives qui nécessitaient auparavant une intervention humaine. Les exemples incluent la robotique industrielle, les chatbots de support client et l'automatisation des processus robotiques (RPA).
- **Analyse des données** : les algorithmes d'IA peuvent analyser rapidement et efficacement de grandes quantités de données, ce qui permet d'obtenir des informations basées sur les données pour une meilleure prise de décision.
- **Efficacité améliorée** : l'IA peut optimiser les processus et la gestion des flux de travail, ce qui se traduit par une productivité accrue et des coûts opérationnels réduits.
- **Innovation** : l'IA permet de nouveaux produits, services et modèles commerciaux innovants, permettant aux organisations de rester compétitives et pertinentes sur le marché.

L'impact de l'IA sur le marché du travail est multiple. Bien qu'il ait créé des opportunités dans des domaines liés à l'IA tels que la science des données, l'ingénierie de l'apprentissage automatique et la recherche sur l'IA, il a également suscité des inquiétudes concernant le déplacement de certains emplois en raison de l'automatisation. Le Forum économique mondial estime que d'ici 2025, le temps consacré aux tâches actuelles par les humains et les machines sera égal.

Cela ne signifie pas que des emplois seront perdus; au contraire, ils évolueront. Il est plus probable que les technologies d'IA compléteront les tâches humaines, permettant aux travailleurs de se concentrer sur des activités plus stratégiques, créatives et à valeur ajoutée.

1.1.3 L'importance de l'amélioration des compétences à l'ère de l'IA

Afin de prospérer à l'ère de l'IA, les individus doivent améliorer leurs compétences et développer de nouvelles compétences requises pour l'évolution du marché du travail. Certaines compétences essentielles pour l'ère de l'IA incluent :

- **IA et littératie des données** : Familiarité avec les principes fondamentaux de l'IA, de l'analyse des données et de la prise de décision basée sur les données pour améliorer l'efficience et l'efficacité globales.
- **Résolution de problèmes et pensée critique** : La capacité d'analyser des situations complexes, d'identifier des problèmes et de développer des solutions innovantes quelle que soit la technologie utilisée.
- **Créativité et innovation** : développer un état d'esprit innovant et créatif pour tirer parti des technologies de l'IA afin de créer de nouveaux produits, services et expériences.
- **Communication** : Maîtriser l'art de la communication pour transmettre efficacement et clairement des idées et des concepts complexes afin d'élaborer sur les idées dérivées de modèles ou de données d'IA.
- **Intelligence émotionnelle** : Développer l'empathie, la conscience de soi et les compétences interpersonnelles pour comprendre et gérer les émotions et les relations dans un monde de plus en plus complexe et axé sur la technologie.

- **Adaptabilité et apprentissage continu** : Cultiver un état d'esprit de croissance et la capacité d'apprendre, de désapprendre et de réapprendre à mesure que le rythme des progrès technologiques s'accélère.

L'amélioration des compétences pour l'ère de l'IA ne se limite pas aux compétences techniques, mais englobe également les compétences non techniques essentielles telles que la collaboration, la pensée critique, l'adaptabilité et l'intelligence émotionnelle. En investissant dans le perfectionnement des compétences, les travailleurs peuvent s'assurer que leurs capacités restent pertinentes et précieuses à l'ère de l'IA.

1.1.4 Points clés à retenir

Adopter l'IA sur le lieu de travail est crucial pour les individus et les organisations afin de rester compétitifs, innovants et agiles dans le paysage en évolution rapide d'aujourd'hui. Comprendre et investir dans le perfectionnement des compétences pour l'ère de l'IA peut aider les individus à pérenniser leur carrière et les organisations à innover et à exceller dans tous les secteurs.

En adoptant l'IA et son potentiel, nous pouvons nous assurer que nous développons une relation symbiotique avec les machines, augmentant l'ingéniosité et les capacités humaines. En tant que tel, il est essentiel de considérer l'IA non pas comme une menace, mais plutôt comme une opportunité de croissance, d'apprentissage et de transformation.

1.1 Pourquoi adopter l'IA sur le lieu de travail ?

Alors que le monde connaît un niveau de croissance sans précédent de l'automatisation et de l'intelligence artificielle (IA), les individus et les organisations doivent faire preuve d'agilité pour s'adapter à l'évolution du paysage du travail. Que vous soyez un employé cherchant à rester pertinent dans son travail ou quelqu'un à la recherche de nouvelles opportunités à l'ère de l'IA, il est essentiel de comprendre comment l'IA change la nature du travail et les compétences nécessaires pour prospérer et être compétitif dans cet environnement en évolution.

a) Comprendre la transformation du lieu de travail axée sur l'IA

L'ère de l'IA ne consiste pas à éliminer progressivement les gens de leur emploi ; il s'agit plutôt de créer un lieu de travail moderne, où les solutions basées sur l'IA fonctionnent en harmonie avec les humains, pour aider les entreprises à se développer et à prospérer. L'intelligence artificielle, l'apprentissage automatique et les technologies d'automatisation modifient déjà la façon dont les organisations travaillent et sont concurrentielles sur le marché en évolution rapide d'aujourd'hui.

Voici quelques-unes des façons dont l'IA transforme les lieux de travail :

- Rationalisation des tâches répétitives : les technologies d'IA peuvent facilement automatiser les tâches banales et routinières, libérant du temps et des efforts pour que les employés humains s'engagent dans des tâches plus complexes et stratégiques qui nécessitent de l'ingéniosité humaine.
- Améliorer la prise de décision : les outils d'IA peuvent aider à l'analyse des données, découvrir des modèles et des tendances, et aider à prendre de meilleures

décisions basées sur des informations intelligentes, permettant aux organisations de garder une longueur d'avance.

- Améliorer l'expérience client : les chatbots alimentés par l'IA et les moteurs de recommandation personnalisés aident à offrir une expérience client améliorée et à favoriser des relations à long terme avec les clients.
- Accroître l'efficacité et la productivité globales : la capacité des systèmes d'IA à apprendre au fil du temps et une large gamme d'applications aident les organisations à devenir plus efficaces et productives dans leurs opérations.

b) Se préparer à un avenir piloté par l'IA : la nécessité d'améliorer les compétences

Alors que les systèmes d'IA façonnent progressivement l'avenir du travail, il est essentiel d'identifier les opportunités et de nous préparer à prospérer dans un marché du travail en mutation. L'acquisition de nouveaux ensembles de compétences liées à l'IA et la mise à niveau de celles existantes feront une différence significative pour rester en tête dans ce paysage concurrentiel. Voici quelques raisons pour lesquelles les individus envisagent de se perfectionner pour l'ère de l'IA :

- Sécurité d'emploi : Développer une expertise liée à l'IA augmente votre pertinence sur le lieu de travail et réduit le risque d'être remplacé par l'automatisation.
- Avancement de carrière : Alors que les organisations continuent d'adopter l'IA, la demande de professionnels qualifiés en IA va monter en flèche. L'acquisition de compétences connexes peut mener à des opportunités de carrière plus excitantes et enrichissantes.

- Flexibilité : Un ensemble de compétences diversifié améliore l'adaptabilité, permettant aux individus de s'adapter rapidement aux nouveaux développements technologiques.
- Commercialisation accrue : les candidats qualifiés en IA sont inestimables dans ce marché en évolution rapide, ce qui fait de vous une perspective attrayante pour les employeurs potentiels.

c) Adaptation au milieu de travail piloté par l'IA : points de départ

Lorsque vous vous lancez dans le voyage de perfectionnement pour l'ère de l'IA, il est essentiel de comprendre les compétences qui seront demandées et comment elles s'alignent sur vos domaines d'intérêt et d'expertise. Voici quelques compétences clés à considérer :

- Expertise technique : Apprendre les langages de programmation (ex. Python ou R) et les outils de développement spécialisés en IA (TensorFlow, PyTorch, etc.). Acquérir des connaissances sur l'apprentissage en profondeur, le traitement du langage naturel et l'automatisation des processus robotiques.
- Big Data et analytique : apprenez à traiter et à analyser de grands ensembles de données pour prendre des décisions basées sur les données grâce à des outils comme Apache Hadoop ou Tableau.
- Conception d'IA centrée sur l'humain : acquérez des compétences en matière de conception d'interface utilisateur (UI) et d'expérience utilisateur (UX), sachant que les gens continueront d'interagir avec les produits et services alimentés par l'IA.
- Créativité et pensée critique : cultivez des capacités qui nécessitent de l'innovation et du jugement

humain, qui ne sont pas facilement reproduites par les systèmes d'IA.

- Intelligence émotionnelle : développer des capacités interpersonnelles telles que l'empathie, la communication, le travail d'équipe et la résolution de conflits.

d) Réflexions finales

Adopter l'IA sur le lieu de travail ne consiste pas seulement à acquérir de nouvelles compétences, mais aussi à comprendre comment collaborer efficacement avec les technologies basées sur l'IA. Il s'agit d'être adaptable et agile, sensible aux évolutions du marché du travail et d'investir en permanence dans son développement professionnel.

Notre voyage dans "Upskill for AI" vous guidera dans la compréhension de l'industrie naissante de l'IA, l'identification des opportunités, l'acquisition des bonnes compétences et leur mise à profit pour vous tailler une place à l'ère de l'IA. Avec de la détermination, de la persévérance et la bonne stratégie en place, vous pouvez naviguer efficacement et exceller dans le paysage en évolution rapide entraîné par l'IA et les technologies d'automatisation.

1.1 Comprendre l'impact de l'IA sur le marché du travail

Alors que le monde continue d'adopter les technologies d'intelligence artificielle (IA), on s'inquiète de plus en plus des conséquences potentielles que ces innovations émergentes pourraient avoir sur les emplois et l'emploi. Il y a un débat en cours sur la question de savoir si l'IA augmentera ou remplacera le travail humain, créant à la fois de l'excitation et de l'anxiété parmi ceux qui se préparent à des carrières à l'ère de l'IA.

1.1.1 L'essor de l'automatisation et l'avenir des emplois

L'automatisation basée sur l'IA a le potentiel de transformer les industries et d'améliorer la productivité à pas de géant. Par conséquent, il est essentiel de comprendre l'ampleur et la portée de l'impact de l'IA sur le marché du travail. Selon des recherches menées par McKinsey, l'adoption de l'IA pourrait supprimer environ 73 millions d'emplois d'ici 2030. Ce changement est motivé par plusieurs facteurs, notamment la croissance des capacités de l'IA et les incitations économiques à automatiser les tâches à forte intensité de main-d'œuvre. Cependant, la même recherche prédit également que l'IA pourrait créer 80 à 200 millions de nouveaux emplois, offrant un effet positif net sur l'emploi.

Bien que certains emplois puissent être plus sensibles à l'automatisation basée sur l'IA, il est essentiel de reconnaître que l'IA a le potentiel de générer de nouveaux emplois et opportunités auparavant inimaginables à l'avenir. Par conséquent, les demandeurs d'emploi et les employés actuels doivent s'adapter à un paysage en évolution rapide, identifier les nouvelles compétences qui seront demandées et comprendre les rôles moins vulnérables à l'automatisation.

1.1.2 Se préparer au marché du travail axé sur l'IA

Bien que l'intégration de l'IA sur le lieu de travail crée sans aucun doute des changements sur les marchés du travail et les industries, elle ne doit pas être considérée comme un remplacement pur et simple des compétences humaines, mais plutôt comme une augmentation de ces compétences. Alors que l'IA prend en charge des tâches banales et répétitives, elle permet à la main-d'œuvre de se concentrer sur des tâches de niveau supérieur, nécessitant créativité, esprit critique et empathie.

Pour suivre le marché du travail axé sur l'IA, les individus doivent se préparer en :

1. **Développer des compétences techniques spécialisées** : Certains des emplois les plus demandés à l'ère de l'IA nécessiteront des compétences spécialisées dans les technologies liées à l'IA telles que l'apprentissage automatique, le traitement du langage naturel, la robotique et la vision par ordinateur. L'acquisition de ces compétences vous assurera de rester un atout précieux sur le marché du travail.

2. **Cultiver les compétences non techniques** : bien que l'IA puisse automatiser de nombreuses tâches, les compétences humaines telles que l'empathie, la communication et la créativité sont difficiles, voire impossibles, à reproduire grâce à la technologie. Les employés qui excellent dans ces domaines peuvent se démarquer de la concurrence.

3. **Adoptez l'apprentissage tout au long de la vie** : à mesure que l'IA continue d'évoluer, le besoin de formation continue et de développement des compétences devient encore plus critique. Les employés doivent démontrer une volonté d'apprendre de nouveaux concepts et technologies pour rester pertinents à l'ère de l'IA.

4. **Développer des compétences hybrides** : la combinaison d'une expertise technique et d'un domaine avec des compétences non techniques bien équilibrées deviendra de plus en plus importante sur

le marché du travail axé sur l'IA. Les employés qui possèdent cette combinaison seront mieux préparés à combler le fossé entre les systèmes d'IA et l'organisation au sens large.

1.1.3 Adapter les structures organisationnelles et la culture

Les entreprises et les organisations doivent également être conscientes des implications de l'IA sur leurs effectifs, en adoptant des stratégies qui favorisent l'innovation et la collaboration homme-IA.

1. **Encourager la collaboration interfonctionnelle** : les entreprises doivent favoriser une culture de collaboration entre différents départements, facilitant une communication et une coopération efficaces entre les spécialistes de l'IA et les experts du domaine.
2. **Investir dans la formation des employés** : Investir dans des programmes de formation des employés pour perfectionner les travailleurs et les doter des compétences nécessaires pour un marché du travail axé sur l'IA aidera les organisations à garder une longueur d'avance.
3. **Créer un environnement de travail favorable à l'IA** : Encourager et soutenir les employés à expérimenter les technologies et les outils liés à l'IA contribuera à créer une culture qui embrasse l'innovation.
4. **Établir des lignes directrices éthiques** : à mesure que l'IA devient de plus en plus omniprésente sur le lieu de travail, les entreprises doivent également tenir compte des implications éthiques de la mise en œuvre des technologies d'IA. En établissant un ensemble de lignes directrices et de principes, les

organisations peuvent relever les défis qui se posent avec l'intégration de l'IA.

1.1.4 Conclusion : adopter l'IA et libérer le potentiel humain

L'IA a le potentiel de redéfinir le lieu de travail en automatisant les tâches de routine et en permettant aux employés de se concentrer sur un travail à plus forte valeur ajoutée. Il offre aux individus la possibilité de tirer parti de leurs compétences humaines uniques pour compléter les systèmes basés sur l'IA, ce qui se traduit par une productivité accrue et un travail plus significatif. En comprenant l'impact de l'IA sur le marché du travail, en développant des compétences évolutives et en promouvant la collaboration homme-IA, les demandeurs d'emploi et les organisations peuvent saisir les possibilités offertes par les technologies de l'IA et prospérer à l'ère de l'IA.

2. Identifier les compétences en IA : quelles compétences seront les plus importantes

2.2 Aptitudes et compétences clés en matière d'IA : les éléments constitutifs de la préparation à l'IA

Alors que l'IA continue de croître et d'avoir un impact significatif sur le marché du travail, il est essentiel d'identifier les aptitudes et les compétences dont vous aurez besoin pour vous démarquer à l'ère de l'IA. Dans cette sous-section, nous explorerons certaines des aptitudes et compétences liées à l'IA les plus recherchées qui vous aideront non seulement à exceller dans votre travail actuel, mais aussi à sécuriser potentiellement de nouvelles opportunités dans un monde axé sur l'IA.

1. Compétences en programmation et en codage

L'IA est principalement pilotée par des algorithmes informatiques, et il est essentiel d'avoir une base solide en programmation. Donc, si vous ne maîtrisez pas déjà le codage, prenez le temps d'étudier des langages de programmation tels que Python, Java ou C++. Parmi ceux-ci, Python est généralement considéré comme le langage de référence pour le développement de l'IA en raison de sa simplicité, de sa polyvalence et de ses bibliothèques étendues qui s'adressent aux applications d'IA et d'apprentissage automatique.

2. Science des données et analytique

Les données sont le carburant qui alimente les solutions d'IA. En tant que tel, acquérir des compétences en science des données et en analyse peut fournir un avantage significatif à l'ère de l'IA. Cela inclut des compétences telles que la visualisation des données, le nettoyage des données et la manipulation des données. La maîtrise de la science des données vous aidera également à comprendre et à interpréter le Big Data, ce qui est crucial lorsque vous travaillez sur des projets liés à l'IA.

3. Apprentissage automatique et apprentissage en profondeur

L'apprentissage automatique, un sous-ensemble de l'IA, consiste à développer des algorithmes qui permettent aux machines d'apprendre à partir de données sans programmation explicite. Pendant ce temps, l'apprentissage en profondeur, un sous-ensemble de l'apprentissage automatique, se concentre sur les réseaux de neurones pour traiter et analyser les données. Les compétences en apprentissage automatique et en apprentissage en profondeur sont essentielles pour créer des modèles d'IA et joueront un rôle crucial dans la conception d'applications d'IA efficaces.

4. Traitement du langage naturel (TAL) et vision par ordinateur

La PNL traite de l'interaction entre les ordinateurs et le langage humain, permettant aux systèmes d'IA de comprendre, d'interpréter et de générer du texte et de la parole de type humain. La vision par ordinateur, quant à elle, consiste à apprendre aux machines à interpréter et à comprendre les informations visuelles du monde. Développer une expertise en NLP et en vision par ordinateur peut améliorer votre préparation à l'IA et ouvrir des portes à des opportunités de carrière, telles que développeur de chatbot IA ou ingénieur en vision par ordinateur.

5. Automatisation des processus robotiques (RPA)

La RPA est l'application des technologies d'intelligence artificielle pour automatiser les tâches répétitives et basées sur des règles, ce qui améliore considérablement la productivité et l'efficacité des organisations. La maîtrise des technologies RPA sera essentielle pour ceux qui cherchent à améliorer leurs compétences en matière d'IA, car elle est de plus en plus adoptée dans tous les secteurs pour automatiser divers processus

6. Éthique de l'IA et atténuation des biais

À mesure que les systèmes d'IA deviennent plus répandus, il existe une demande croissante de professionnels capables de répondre aux préoccupations éthiques et d'atténuer les préjugés dans l'IA. Acquérir des connaissances sur l'éthique de l'IA et l'atténuation des préjugés vous aidera à vous assurer que les outils et systèmes d'IA que vous développez sont justes, impartiaux et responsables, maximisant ainsi leur impact positif sur la société.

7. Gestion de projet IA et stratégie commerciale

Comprendre comment les projets d'IA sont gérés est crucial pour les professionnels occupant des postes de direction et commerciaux. Cela implique d'apprendre à définir les objectifs, la portée, le budget, les délais et les risques des projets d'IA. De plus, la connaissance de la stratégie commerciale de l'IA vous aidera à mieux aligner les initiatives d'IA sur les objectifs et la vision de votre organisation.

8. Communication et coopération

Travailler dans l'IA implique souvent des équipes interdisciplinaires d'horizons divers, ce qui rend vitales de solides compétences en communication. Des compétences de communication efficaces facilitent le partage d'idées et d'expertise, garantissant que les projets d'IA sont exécutés avec succès. De plus, les compétences en collaboration vous permettront de travailler efficacement avec des membres d'équipe de différents domaines, créant ainsi un flux de travail fluide et efficace.

9. Adaptabilité et apprentissage continu

L'IA est un domaine en évolution rapide, et il est essentiel de se tenir au courant des dernières avancées et technologies pour rester pertinent sur le marché du travail. Adoptez l'état d'esprit de l'apprentissage continu et recherchez activement des opportunités d'améliorer vos connaissances et vos compétences grâce à des cours en ligne, des ateliers, des conférences et d'autres ressources. De plus, l'adaptabilité joue un rôle essentiel pour relever les nouveaux défis et opportunités dans le monde axé sur l'IA.

En maîtrisant ces aptitudes et compétences clés en matière d'IA, vous serez mieux préparé à relever les défis de l'ère de l'IA, ce qui vous permettra de conserver votre emploi actuel ou même de trouver de nouvelles opportunités dans ce paysage en évolution rapide. N'oubliez pas que l'IA n'est pas seulement une question de technologie, mais aussi de créativité, de résolution de problèmes et de pensée critique. Alors, concentrez-vous sur le développement non seulement de vos compétences techniques, mais également de vos compétences générales pour vraiment vous démarquer à l'ère de l'IA.

2.1 Développer des compétences en IA : compétences essentielles pour l'ère de l'IA

La révolution de l'Intelligence Artificielle (IA) est incontournable. À mesure que l'ère de l'IA continue d'évoluer, il devient de plus en plus crucial pour les individus d'identifier et d'acquérir les compétences nécessaires pour s'adapter à l'évolution rapide du paysage de l'emploi. Que votre objectif soit de conserver votre emploi actuel ou d'en trouver un nouveau dans le domaine dynamique de l'IA, le développement et le perfectionnement de ces compétences peuvent être déterminants pour réussir. Dans cette section, nous identifions les compétences clés en IA, en les classant en cinq compétences principales : compétences techniques, compétences générales, compétences en matière de données, compétences transférables et compétences spécifiques à l'industrie.

2.1.1 Compétences techniques

Les compétences techniques sont cruciales pour l'ère de l'IA, car elles constituent le fondement des systèmes d'IA et d'apprentissage automatique. Ces compétences incluent les langages de programmation, les algorithmes, le cloud computing, etc. Développer une solide expertise technique peut grandement augmenter votre valeur et faire de vous un candidat attrayant sur le marché du travail de l'IA. Certaines compétences techniques importantes sont :

1. **Langages de programmation** : Python, Java, R, C++ et d'autres langages de programmation sont des outils essentiels pour créer des systèmes d'IA et d'apprentissage automatique. Python, en particulier, est devenu un langage très populaire pour les applications d'IA.
2. **Frameworks d'apprentissage automatique** : TensorFlow, PyTorch et d'autres frameworks ML permettent aux développeurs de créer, former et déployer efficacement des modèles d'IA.
3. **Cloud Computing** : La connaissance des platesformes cloud populaires (AWS, GCP, Azure) peut être un avantage significatif, car de nombreuses applications d'IA sont hébergées sur le cloud pour tirer parti de son évolutivité et de ses capacités de traitement.
4. **Technologies Big Data** : La connaissance des outils Big Data (Hadoop, Spark, etc.) vous aidera à gérer et à traiter les grands ensembles de données communs aux projets d'IA.
5. **Apprentissage en profondeur** : sous-domaine de l'apprentissage automatique, l'apprentissage en profondeur se concentre sur la création de réseaux de neurones capables de traiter des données complexes et non structurées. Des compétences en apprentissage approfondi vous permettront de développer des modèles d'IA avancés, des systèmes de reconnaissance d'images et de parole et des applications de traitement du langage naturel.

2.1.2 Compétences non techniques

Alors que l'IA continue d'imprégner diverses industries, les professionnels de l'IA compétents devront également posséder de solides compétences générales. Ces qualités éthérées font généralement référence à des attributs interpersonnels qui sont transférables dans différents contextes. Les compétences non techniques essentielles à l'ère de l'IA comprennent :

1. **Communication** : les professionnels de l'IA ont besoin de solides compétences en communication pour articuler efficacement des concepts techniques complexes aux collègues et aux parties prenantes.
2. **Pensée critique** : La capacité d'identifier les problèmes, de recueillir des informations, d'analyser les résultats et de tirer des conclusions pertinentes est essentielle pour la réussite des projets d'IA.
3. **Adaptabilité** : L'IA étant un domaine en évolution rapide, les professionnels doivent maintenir une volonté d'apprendre, de s'adapter et de se développer avec de nouvelles technologies et approches.
4. **Collaboration** : Les projets d'IA réussis impliquent souvent des équipes interdisciplinaires. Une capacité de travail d'équipe et de collaboration interfonctionnelle est inestimable.
5. **Intelligence émotionnelle** : Les professionnels de l'IA doivent avoir une intelligence émotionnelle élevée, comprendre les nuances des émotions humaines et les considérations éthiques lors du développement d'applications d'IA.

2.1.3 Compétences en matière de données

L'IA et l'apprentissage automatique prospèrent grâce aux données. La capacité de manipuler, d'analyser et d'obtenir des informations à partir de vastes ensembles de données est une compétence essentielle à l'ère de l'IA. Les compétences importantes en matière de données incluent :

1. **Data Wrangling** : Le nettoyage, le prétraitement et la transformation des données brutes dans un format plus utilisable sont essentiels pour les applications d'IA.
2. **Visualisation des données** : la possibilité d'afficher des données dans des formats visuels intuitifs peut grandement faciliter la communication et fournir des informations aux parties prenantes techniques et non techniques.
3. **Analyse des données** : La connaissance des statistiques descriptives et inférentielles améliore votre compréhension des données et informe votre processus de création de modèles d'IA.
4. **Ingénierie des fonctionnalités** : l'extraction et la modification des fonctionnalités dans les ensembles de données peuvent améliorer considérablement les performances de vos modèles d'IA.
5. **Confidentialité des données et éthique** : Alors que les données deviennent de plus en plus abondantes, comprendre la confidentialité des données et l'éthique est crucial pour maintenir la confiance des clients et des parties prenantes.

2.1.4 Compétences transférables

Les compétences transférables peuvent être transférées d'un emploi ou d'un secteur à un autre, améliorant ainsi votre employabilité dans l'écosystème de l'IA. Certaines de ces compétences transférables sont :

1. **Expertise du domaine** : La combinaison de l'IA avec des connaissances spécifiques au domaine peut permettre des solutions innovantes à des problèmes

complexes. Par exemple, une expertise en finance, en soins de santé ou en gestion de la chaîne d'approvisionnement peut être précieuse dans le domaine de l'IA.

2. **Gestion de projet** : les professionnels de l'IA qui sont aptes à gérer les délais, les objectifs et les ressources d'un projet sont inestimables pour garantir des résultats fructueux.

3. **Réussite client** : à mesure que les applications d'IA deviennent de plus en plus répandues, il est essentiel de comprendre les besoins des clients et de mettre en œuvre des solutions qui répondent véritablement à leurs défis.

4. **Design Thinking** : Aborder les projets d'IA avec un état d'esprit de conception centré sur l'utilisateur peut conduire à de meilleures expériences utilisateur et à une plus grande adoption des solutions d'IA.

5. **Ventes** : La capacité de vendre efficacement des produits ou des solutions d'IA peut contribuer de manière significative à la croissance et au succès des entreprises dans le domaine de l'IA.

2.1.5 Compétences spécifiques à l'industrie

Dans certains cas, les professionnels de l'IA peuvent avoir besoin d'acquérir des compétences spécifiques à l'industrie pour augmenter leurs compétences existantes. Voici des exemples de telles compétences :

1. **Traitement du langage naturel** : les compétences en PNL sont essentielles pour développer des applications d'IA qui analysent, comprennent ou génèrent le langage humain, telles que les chatbots ou les outils d'analyse des sentiments.

2. **Vision par ordinateur** : essentielles pour la reconnaissance d'images, la détection d'objets et

d'autres applications d'IA basées sur la vision, les compétences en vision par ordinateur sont très demandées dans des secteurs tels que la fabrication, la sécurité et la santé.

3. **Robotique et systèmes de contrôle** : dans les industries où l'automatisation et la robotique sont répandues, la compréhension de la robotique et des systèmes de contrôle peut permettre aux professionnels de développer des systèmes basés sur l'IA plus efficaces et efficients.

4. **Bioinformatique** : Les professionnels de l'IA ayant des connaissances en bioinformatique sont bien placés pour contribuer à des projets novateurs à l'intersection de l'IA et de la biotechnologie, comme la médecine personnalisée ou la recherche en génomique.

5. **Finance** : Alors que l'IA continue de remodeler l'industrie des services financiers, les aptitudes aux concepts et principes financiers seront cruciales pour développer des algorithmes de négociation basés sur l'IA ou des systèmes d'évaluation du risque de crédit.

Dans la sous-section suivante, nous discuterons de diverses ressources et stratégies sur la façon d'apprendre et de développer ces compétences de manière efficace et continue à l'ère de l'IA.

2.1. Compétences techniques en IA : fondamentales et spécifiques à la verticale

Alors que l'intelligence artificielle (IA) continue de proliférer dans tous les secteurs, il est essentiel d'acquérir à la fois des compétences de base en IA et des compétences spécifiques à la verticale. Ces compétences techniques vous permettront de vous intégrer de manière transparente aux systèmes d'IA et de rester un atout précieux sur le marché du travail. Décomposons ces compétences en deux catégories principales : les compétences fondamentales en IA et les compétences en IA spécifiques à la verticale.

2.1.1. Compétences fondamentales en IA

1. **Apprentissage automatique** : l'apprentissage automatique (ML) permet aux ordinateurs d'apprendre et de prendre des décisions basées sur des données. Se familiariser avec les techniques et les algorithmes de ML, tels que la régression, le clustering et la classification, augmentera considérablement votre employabilité dans les industries axées sur l'IA.
2. **Science des données** : une base solide en analyse statistique et de données, en visualisation de données et en prise de décision basée sur les données est désormais essentielle pour tout domaine d'activité. Les compétences en science des données incluent la maîtrise de Python, R, SQL et des outils de manipulation de données tels qu'Excel ou Tableau.
3. **Traitement du langage naturel (TALN)** : le TAL traite de l'interaction entre les ordinateurs et le langage humain. La compréhension des techniques NLP et l'exploitation des bibliothèques et outils NLP courants vous permettent de créer des solutions capables d'interpréter, de générer et d'analyser des données en langage naturel.
4. **Deep Learning** : Deep Learning est un sous-ensemble de ML qui traite des réseaux de neurones artificiels (ANN), principalement inspirés par le cerveau humain. Acquérir une expertise dans les frameworks d'apprentissage en profondeur, tels que

TensorFlow et PyTorch, peut changer la donne dans la recherche et le développement d'applications en IA.

5. **Computer Vision:** Computer Vision traite des machines d'enseignement pour interpréter et comprendre le monde visuel. Les compétences dans ce domaine impliquent de travailler avec des techniques de traitement d'images et des bibliothèques comme OpenCV, ainsi que de développer une expertise dans la création de modèles de vision par ordinateur pour la détection d'objets, la reconnaissance d'images, etc.

6. **Robotique et automatisation :** à mesure que de plus en plus d'industries adoptent l'automatisation, la connaissance et la compréhension de l'ingénierie robotique, des systèmes de contrôle et de l'expérience utilisateur dans les interactions homme-robot vous donneront un avantage concurrentiel sur le marché du travail de l'IA.

7. **Éthique et IA :** avec le recours croissant aux systèmes d'IA, il est essentiel de comprendre les implications éthiques et les biais potentiels des modèles d'IA. Développer une base solide en éthique et en IA aide à créer des systèmes d'IA meilleurs et plus fiables qui peuvent répondre aux préoccupations sociétales.

8. **IA et Cloud Computing :** la croissance des applications liées à l'IA repose sur une intégration transparente avec le cloud. La connaissance des technologies cloud telles qu'Amazon Web Services (AWS), Google Cloud Platform (GCP) et Microsoft Azure vous permet de déployer et de gérer des solutions d'IA de manière évolutive et flexible.

9. **Langages de programmation :** Python, R, Java et C++ sont les langages de programmation les plus couramment utilisés dans le développement de l'IA. La maîtrise d'une ou plusieurs de ces langues vous

permet de contribuer et de personnaliser efficacement les systèmes d'IA.

2.1.2. Compétences en IA spécifiques à la verticale

1. **L'IA dans les soins de santé** : le développement de compétences en IA spécifiques aux soins de santé, telles que l'analyse d'images médicales ou le traitement de données génomiques, peut mener à des rôles remplissants dans les biotechnologies, les produits pharmaceutiques et l'informatique de santé.

2. **L'IA dans la finance** : la compréhension des applications d'IA spécifiques à la finance, telles que le trading algorithmique, la gestion des risques et l'analyse des clients, peut ouvrir des portes dans les institutions financières, les compagnies d'assurance et les startups fintech.

3. **L'IA dans le commerce de détail et le commerce électronique** : la maîtrise des techniques d'IA du commerce de détail, telles que la prévision de la demande, les moteurs de recommandation et l'optimisation des prix, peut ouvrir la voie à des opportunités de carrière dans le commerce électronique, la gestion de la chaîne d'approvisionnement et la vente au détail physique.

4. **IA dans la fabrication** : Acquérir une expertise dans les processus de fabrication intelligents, la maintenance prédictive et l'Internet industriel des objets (IIoT) peut mener à des rôles dans la planification de la production, la gestion de la qualité et l'optimisation des opérations.

5. **IA dans le transport et la logistique** : les compétences en IA spécifiques à la verticale, telles que l'optimisation des itinéraires, la gestion de flotte et le développement de véhicules autonomes, peuvent

créer des opportunités d'emploi dans le transport de fret, l'entreposage et la gestion des transports.

6. **L'IA dans les ressources humaines :** la connaissance des applications d'IA dans les RH, telles que l'acquisition de talents, l'engagement des employés et l'analyse de la main-d'œuvre, peut mener à des postes dans la gestion des talents, le recrutement et le développement des technologies RH.

En donnant la priorité aux compétences en IA fondamentales et spécifiques à la verticale, vous bénéficierez grandement de l'émergence rapide du marché du travail axé sur l'IA. Avec le bon mélange de prouesses techniques, d'expertise dans le domaine et d'adaptabilité, vous serez bien équipé pour vous attaquer de front à l'ère de l'IA.

2.1 Compétences essentielles en IA pour maîtriser l'ère de l'IA

L'expansion rapide de l'intelligence artificielle crée un changement sur le marché du travail, et certaines compétences clés sont désormais essentielles pour prospérer. Si vous voulez rester compétitif et saisir de nouvelles opportunités à l'ère de l'IA, vous devez développer et améliorer ces compétences. Ici, nous nous penchons sur les compétences les plus importantes en matière d'IA pour vous aider à maintenir la pertinence de votre carrière ou à vous diversifier dans de nouvelles opportunités au sein du paysage de l'IA en évolution rapide.

2.1.1 Apprentissage automatique et apprentissage en profondeur

Ces deux sous-ensembles de l'IA sont au cœur de ses avancées. L'apprentissage automatique implique le processus de formation d'un modèle pour comprendre et interpréter les modèles de données afin de faire des prédictions sans programmation explicite. L'apprentissage en profondeur, un sous-ensemble de l'apprentissage automatique, utilise des réseaux de neurones artificiels pour imiter le fonctionnement du cerveau humain.

La maîtrise de concepts tels que l'apprentissage supervisé et non supervisé, l'apprentissage par renforcement et divers algorithmes et modèles d'apprentissage automatique est cruciale pour les professionnels de l'IA. De plus, être capable de mettre en œuvre des réseaux d'apprentissage en profondeur à l'aide de frameworks tels que TensorFlow et PyTorch élèvera votre profil dans le domaine de l'IA.

2.1.2 Langages de programmation

Bien que l'IA puisse être implémentée à l'aide de plusieurs langages de programmation, Python est sans aucun doute le langage le plus populaire parmi les développeurs d'IA. Sa simplicité et la disponibilité de nombreuses bibliothèques et frameworks font de Python le premier choix pour les projets d'IA, d'apprentissage automatique et d'apprentissage en profondeur.

D'autres langages essentiels incluent R, qui est excellent pour l'analyse statistique et la manipulation de données. Java, Scala et C++ peuvent également être utiles, en fonction de vos objectifs d'IA spécifiques et des tâches ou des exigences du projet.

2.1.3 Analyse et visualisation des données

Les données alimentent l'IA. La capacité de collecter, de nettoyer, d'analyser et d'interpréter des données est indispensable pour plusieurs rôles liés à l'IA, tels que les scientifiques des données, les ingénieurs des données et les ingénieurs en apprentissage automatique. L'expertise en SQL, en entreposage de données, en prétraitement de données et en traitement de données est essentielle pour traiter de grands ensembles de données.

La maîtrise de la visualisation de données à l'aide d'outils et de bibliothèques tels que Matplotlib, Seaborn ou Tableau vous aidera à communiquer vos résultats plus efficacement aux parties prenantes, en soutenant une meilleure prise de décision basée sur les données.

2.1.4 Technologies des mégadonnées

La gestion d'ensembles de données volumineux est un élément essentiel des projets d'IA et d'apprentissage automatique. La connaissance des technologies Big Data, y compris Apache Hadoop et Apache Spark, est essentielle pour le traitement, le stockage et l'analyse de ces ensembles de données. Comprendre les bases de données NoSQL comme MongoDB ou Cassandra est également bénéfique pour travailler avec des données non structurées et rationaliser votre pipeline d'IA.

2.1.5 Informatique en nuage

L'IA et le cloud computing sont inextricablement liés en raison de la puissance de calcul évolutive et du stockage requis pour les projets d'IA. Les plates-formes cloud telles qu'AWS, Microsoft Azure et Google Cloud offrent divers services et API d'IA et d'apprentissage automatique.

La maîtrise des services cloud, de l'infrastructure et des outils de gestion améliorera non seulement vos compétences en IA, mais réduira également les coûts et permettra une mise en œuvre plus efficace des projets.

2.1.6 Traitement du langage naturel

Ce sous-domaine de l'IA vise à permettre aux ordinateurs de comprendre, d'interpréter et de générer le langage humain. Alors que les chatbots, les assistants virtuels et l'analyse des sentiments deviennent de plus en plus populaires, l'expertise en PNL deviendra encore plus vitale dans le paysage de l'IA.

La connaissance des concepts NLP, tels que la tokenisation, l'analyse des sentiments et la reconnaissance d'entités nommées, vous fournira les outils nécessaires pour créer ou améliorer les interactions homme-ordinateur.

2.1.7 Robotique et automatisation

La robotique et l'automatisation impliquent la conception, la construction et la programmation de robots ou de systèmes automatisés pour effectuer des tâches sans intervention humaine. Les professionnels de l'IA qualifiés en robotique et en automatisation connaîtront une demande accrue à mesure que ces capacités s'infiltreront dans diverses industries, telles que la fabrication, la santé, l'agriculture et la logistique.

La connaissance de la cinématique, des systèmes de contrôle, de la mécatronique et de la vision par ordinateur, associée à des langages de programmation comme C, C++ et Python, vous permettra d'exceller dans le domaine de la robotique et de l'automatisation.

2.1.8 Compétences non techniques

L'expertise technique est indispensable, mais les compétences non techniques jouent un rôle tout aussi vital pour réussir à l'ère de l'IA. Votre capacité à communiquer efficacement, à collaborer avec diverses équipes et à résoudre des problèmes critiques peut vous démarquer sur le marché du travail concurrentiel de l'IA. Être adaptable et avoir un fort état d'esprit d'apprentissage vous aidera également à garder une longueur d'avance et à naviguer dans les changements à mesure que les technologies d'IA continuent de mûrir.

En conclusion, la construction d'un solide ensemble de compétences en IA comprenant ces compétences essentielles garantira non seulement votre position sur le marché du travail existant, mais ouvrira également les portes à de nouvelles opportunités passionnantes à l'ère de l'IA. N'oubliez pas d'apprendre, d'affiner et d'adapter en permanence vos compétences pour rester pertinent et désirable dans le monde en constante évolution de l'IA.

2.1 Compétences clés en IA : votre chemin vers la réussite à l'ère de l'IA

Alors que l'intelligence artificielle (IA) continue de remodeler notre monde, les professionnels doivent améliorer leurs compétences en matière d'IA et acquérir de nouvelles capacités pour garder une longueur d'avance dans leur carrière. L'IA n'est pas seulement une industrie distincte, mais plutôt un domaine interconnecté qui a un impact sur presque tous les secteurs, couvrant d'innombrables domaines tels que la robotique, la santé, la finance, l'éducation et bien d'autres. Par conséquent, disposer du bon ensemble de compétences en IA vous rendra non seulement plus compétitif au sein de votre secteur, mais pourrait également ouvrir la voie à l'exploration de nouvelles opportunités sur les marchés du travail axés sur l'IA.

Dans cette sous-section, nous détaillerons certaines des compétences de base en IA que les professionnels doivent développer pour prospérer dans ce paysage en évolution rapide.

2.1.1 Techniques et algorithmes d'apprentissage automatique

L'apprentissage automatique est l'épine dorsale de l'IA, offrant la capacité d'enseigner aux ordinateurs comment apprendre, s'adapter et prendre des décisions. Comprendre les concepts, techniques et algorithmes fondamentaux utilisés dans l'apprentissage automatique est essentiel pour créer, entraîner et optimiser avec succès des modèles d'IA. Certaines techniques et algorithmes couramment utilisés comprennent :

1. Apprentissage supervisé (par exemple, régression linéaire, régression logistique, arbres de décision)
2. Apprentissage non supervisé (par exemple, regroupement, réduction de la dimensionnalité)
3. Apprentissage par renforcement (par exemple, Q-Learning, Monte-Carlo Tree Search)
4. Méthodes d'ensemble (par exemple, Bagging, Boosting, Stacking)
5. Deep Learning (par exemple, réseaux de neurones, réseaux de neurones convolutifs, réseaux de neurones récurrents)

En développant une expertise dans ces techniques et algorithmes, les professionnels peuvent créer des modèles d'IA puissants et plus efficaces et mieux tirer parti de l'abondance croissante de données disponibles pour les former.

2.1.2 Programmation et développement de logiciels

L'expertise des langages de programmation est cruciale pour la mise en œuvre de modèles d'apprentissage automatique et la conception d'applications d'IA. Certains langages de programmation largement utilisés dans le domaine de l'IA incluent Python, R, Java et C++. Bien que la maîtrise d'un ou de plusieurs de ces langages puisse suffire, les professionnels doivent également avoir une connaissance pratique d'autres constructions, bibliothèques et frameworks de programmation pertinents. Ceux-ci peuvent inclure :

1. Tensorflow et Keras (pour le Deep Learning)
2. Scikit-learn (pour l'apprentissage automatique à usage général)
3. OpenCV (pour la vision par ordinateur)
4. nltk et spaCy (pour le traitement du langage naturel)
5. PyTorch (pour l'apprentissage en profondeur)

2.1.3 Traitement et prétraitement des données

Les données sont le carburant qui alimente les systèmes d'IA. Pour offrir des performances optimales, les modèles d'IA nécessitent des données bien organisées, propres et correctement formatées. Par conséquent, les professionnels doivent être aptes à manipuler divers types de données (structurées et non structurées) et posséder les compétences nécessaires aux tâches de prétraitement des données, telles que :

1. Nettoyage des données (suppression des doublons, gestion des valeurs manquantes)
2. Data Wrangling (transformer les données brutes en un format adapté à la modélisation)
3. Feature Engineering (création de nouvelles fonctionnalités à partir de données existantes)
4. Sélection de fonctionnalités (choix des fonctionnalités les plus pertinentes pour le modèle)
5. Traitement des données déséquilibrées (rééchantillonnage, utilisation de mesures d'évaluation appropriées)

2.1.4 Statistiques et probabilités

Les professionnels de l'IA doivent comprendre les fondements mathématiques de l'IA et de l'apprentissage automatique, en particulier dans des domaines tels que les statistiques et les probabilités. Ils doivent être familiarisés avec des concepts tels que la probabilité bayésienne, les tests d'hypothèses et les statistiques descriptives, ainsi que les distributions de probabilité telles que Gaussian, Poisson et Binomial. Ces fondamentaux doteront les professionnels des outils analytiques pour comprendre les modèles de données et prendre des décisions basées sur les données.

2.1.5 Cloud computing et systèmes distribués

Les plates-formes de cloud computing sont devenues indispensables pour développer, déployer et gérer des applications d'IA à grande échelle. Les professionnels doivent se familiariser avec certains des principaux services et plates-formes d'IA basés sur le cloud, tels qu'AWS, Google Cloud et Microsoft Azure. De plus, la connaissance des systèmes distribués et de l'informatique parallèle permettra aux professionnels de créer des solutions d'IA évolutives capables de gérer de grandes quantités de données en temps réel.

2.1.6 Connaissances spécifiques au domaine

Pour créer des solutions d'IA efficaces, les professionnels doivent posséder des connaissances spécifiques à un domaine lié à l'industrie ou au secteur dans lequel ils travaillent. Par exemple, les professionnels de l'IA travaillant dans le secteur de la santé doivent avoir une connaissance pratique des terminologies médicales, des réglementations sur la confidentialité des données et des cas d'utilisation de l'IA spécifiques aux soins de santé. De même, les professionnels travaillant dans le secteur financier doivent être familiarisés avec la gestion des risques, la détection des fraudes et d'autres concepts pertinents.

2.1.7 Considérations éthiques et IA responsable

Alors que l'IA continue d'imprégner divers aspects de nos vies, les considérations éthiques et le développement de modèles d'IA responsables deviennent plus critiques que jamais. Les professionnels doivent être conscients des risques potentiels et des défis éthiques associés à l'IA, y compris des problèmes tels que les algorithmes biaisés, la confidentialité des données, l'équité, la transparence et la responsabilité. En mettant en œuvre des pratiques d'IA responsables, les professionnels peuvent s'assurer que les technologies d'IA contribuent positivement à la société sans nuire ni perpétuer les inégalités.

En conclusion, en identifiant et en cultivant le bon ensemble de compétences en IA, les professionnels peuvent non seulement sécuriser leur carrière sur le marché du travail en évolution rapide axé sur l'IA, mais aussi contribuer au développement de solutions d'IA de pointe et responsables qui ont le potentiel de transformer industries et avoir un impact positif sur nos vies.

3. Connaissance de l'IA : comprendre l'apprentissage automatique, la robotique et la PNL

À l'ère de l'IA, il est crucial de comprendre les principaux domaines et technologies qui relèvent de l'intelligence artificielle. En vous familiarisant avec les concepts et la terminologie, vous serez mieux préparé à repérer les opportunités, à prendre des décisions éclairées et à exceller dans votre carrière. Dans cette section, nous allons plonger dans trois domaines essentiels de l'IA : l'apprentissage automatique, la robotique et le traitement du langage naturel.

3.1 Apprentissage automatique : le fondement de l'IA

L'apprentissage automatique (ML) est un concept central dans le domaine de l'IA, et il est responsable des progrès rapides auxquels nous avons assisté ces dernières années. Le ML est un sous-ensemble de l'IA qui se concentre sur l'enseignement aux ordinateurs pour apprendre, analyser et faire des prédictions ou des décisions sans programmation explicite.

Il existe différents types d'apprentissage automatique, qui peuvent être classés comme suit :

- **Apprentissage supervisé** : l'ordinateur est entraîné à l'aide d'ensembles de données étiquetés. Les données comprennent à la fois l'entrée et la sortie souhaitée, et l'algorithme apprend de ces données pour faire des prédictions sur de nouvelles données invisibles.

- **Apprentissage non supervisé** : l'ordinateur reçoit un ensemble de données non étiqueté, et l'algorithme doit trouver des modèles, des relations ou des structures sous-jacentes dans les données sans aucune aide.
- **Apprentissage par renforcement** : L'ordinateur apprend par essais et erreurs, améliorant de manière itérative ses performances en recevant des commentaires basés sur ses actions.

3.1.1 Principaux algorithmes d'apprentissage automatique

Il existe de nombreux algorithmes ML, et chacun a ses forces et ses faiblesses. Voici quelques-uns des algorithmes les plus importants et leurs applications :

- **Régression linéaire** : utilisée pour prédire des valeurs numériques basées sur une relation linéaire entre les entités en entrée et la variable en sortie.
- **Régression logistique** : Utilisé pour les problèmes de classification binaire, où la sortie est soit 0 soit 1.
- **Arbres de décision** : une structure hiérarchique en forme d'arbre qui divise les données d'entrée en fonction des caractéristiques les plus pertinentes, ce qui donne un ensemble de règles pour les tâches de classification ou de régression.
- **Random Forest** : Un ensemble d'arbres de décision qui améliore la précision et la robustesse des arbres individuels en agrégeant les résultats.
- **Réseaux de neurones** : Inspirés des réseaux de neurones biologiques du cerveau humain, les réseaux de neurones artificiels sont un outil puissant pour

résoudre des tâches complexes, telles que la reconnaissance d'images, la reconnaissance vocale et la compréhension du langage naturel.

3.2 Robotique : les machines dans le monde physique

La robotique est un autre aspect important de l'IA, car elle traite de la conception, de la construction et de la programmation de robots, des machines capables d'effectuer des tâches de manière autonome ou semi-autonome. La robotique intègre divers domaines, notamment l'informatique, l'ingénierie et la mécatronique, et joue un rôle important dans la conduite de l'automatisation et de l'efficacité dans de nombreuses industries.

3.2.1 Technologies robotiques clés

- **Robots industriels** : Robots qui effectuent des tâches répétitives ou soulèvent des charges lourdes dans les chaînes de fabrication et d'assemblage, améliorant la productivité et la cohérence du processus.
- **Robots médicaux** : Systèmes robotiques utilisés dans les soins de santé pour la chirurgie, la rééducation, le diagnostic et les soins aux patients.
- **Drones** : Véhicules aériens sans pilote utilisés à diverses fins, notamment la surveillance, l'agriculture, la logistique et la photographie.
- **Voitures autonomes** : Véhicules équipés d'IA et de capteurs avancés pour percevoir leur environnement et naviguer de manière autonome dans le trafic.
- **Robots humanoïdes** : Robots conçus pour simuler le comportement et l'apparence humaine, destinés à la recherche ou aux interactions sociales.

3.3 Traitement du langage naturel : des ordinateurs qui comprennent le langage humain

Le traitement du langage naturel (NLP) est une branche de l'IA qui vise à permettre aux ordinateurs de comprendre, d'interpréter et de générer le langage humain. Grâce aux progrès de la PNL, nous pouvons interagir avec des systèmes alimentés par l'IA en utilisant le langage courant, rendant ces systèmes plus accessibles et conviviaux.

3.3.1 Techniques et applications clés de la PNL

- **Tokénisation** : Le processus de décomposition du texte en mots, phrases ou autres unités appelées jetons, essentiel pour l'analyse et le traitement du langage.
- **Analyse des sentiments** : analyse de texte pour déterminer le sentiment ou l'émotion derrière les mots, utilisée pour évaluer les opinions des clients sur les produits et services.
- **Traduction automatique** : la traduction automatique de texte d'une langue à une autre, en tirant parti des techniques d'apprentissage en profondeur pour améliorer la qualité et la fluidité des traductions.
- **Chatbots** : Agents IA conversationnels capables de traiter et de générer des réponses de type humain aux requêtes textuelles, facilitant ainsi le support client et les recommandations personnalisées.
- **Reconnaissance vocale** : La conversion de la langue parlée en texte, qui permet aux systèmes informatiques de comprendre et de traiter les commandes de l'utilisateur via une entrée vocale.

3.4 Conclusion

Comprendre les concepts et technologies fondamentaux de l'apprentissage automatique, de la robotique et du traitement du langage naturel vous permettra d'embrasser la révolution de l'IA et de prendre des décisions éclairées concernant votre cheminement de carrière. À mesure que l'ère de l'IA se déroule, avoir une base solide dans ces domaines de connaissance de l'IA vous permettra de garder une longueur d'avance, de saisir les opportunités et de rester compétitif sur le marché du travail.

3.1 Comprendre l'apprentissage automatique, la robotique et la PNL : concepts et applications clés

Alors que nous avançons dans l'ère de l'IA, il est crucial d'élargir vos compétences et vos connaissances pour rester compétitif sur le marché du travail. Dans cette sous-section, nous approfondirons trois composants essentiels de l'IA - l'apprentissage automatique (ML), la robotique et le traitement du langage naturel (NLP) - et discuterons des concepts critiques, des applications et des opportunités d'emploi potentielles dans ces domaines.

3.1.1 Apprentissage automatique

L'apprentissage automatique est un sous-ensemble de l'IA, où les systèmes apprennent à partir des données, identifient des modèles et prennent des décisions sans programmation explicite. En examinant de grands ensembles de données, les algorithmes d'apprentissage automatique peuvent améliorer et adapter leurs résultats, aidant ainsi les entreprises et les particuliers à effectuer leurs tâches plus efficacement. Pour acquérir une expertise dans ce domaine, il faut maîtriser les concepts et compétences suivants :

- **Analyse et prétraitement des données** : les compétences essentielles pour cela incluent la compréhension des formats de données (par exemple, CSV, JSON, SQL), le nettoyage et la transformation des ensembles de données, l'utilisation de bibliothèques telles que Pandas ou NumPy et la gestion des données manquantes.
- **Modèles ML** : La connaissance des modèles populaires tels que la régression linéaire, la régression logistique, les arbres de décision et les machines à vecteurs de support est cruciale pour comprendre leurs forces et leurs faiblesses et sélectionner le bon modèle pour un problème spécifique.
- **Deep Learning** : Ce sous-ensemble de ML se concentre sur les réseaux de neurones artificiels (ANN), qui ressemblent au fonctionnement du cerveau humain. Les aspects clés incluent la compréhension de différents types de réseaux de neurones (par exemple, les réseaux de neurones convolutionnels, les réseaux de neurones récurrents), la rétropropagation et les bibliothèques telles que TensorFlow ou PyTorch.
- **Ingénierie des caractéristiques** : cela implique de sélectionner, d'extraire et de créer des caractéristiques pertinentes qui peuvent améliorer l'efficacité et la précision des modèles ML. Il faut savoir gérer les variables catégorielles, normaliser et standardiser les caractéristiques et appliquer des techniques de réduction de la dimensionnalité telles que l'analyse en composantes principales (ACP) et l'incorporation de voisins stochastiques distribués en t (t-SNE).
- **Entraînement et évaluation des modèles** : Une compréhension approfondie de la façon d'entraîner des modèles ML, d'éviter le surajustement ou le sous-

ajustement et d'évaluer les performances du modèle à l'aide de métriques telles que l'exactitude, la précision, le rappel et le score F1 est cruciale pour développer des algorithmes efficaces et fiables.

- **Déploiement** : le déploiement de modèles ML dans des environnements de production implique des techniques telles que l'utilisation d'API ou de services Web, le service de modèles avec des bibliothèques telles que Flask ou Django et l'optimisation des performances des modèles à l'aide de plates-formes cloud (par exemple, AWS, Azure, Google Cloud).

3.1.2 Robotique

La robotique est un domaine de l'IA qui se concentre sur la conception, la construction et la programmation de machines (robots) qui interagissent avec le monde physique. Ils automatisent les tâches, fonctionnent de manière autonome ou semi-autonome et apportent une valeur significative dans diverses industries, notamment les soins de santé, la fabrication et l'agriculture. Les compétences clés à développer dans ce domaine sont :

- **Conception mécanique et ingénierie** : comprendre les fondements de la conception mécanique, des matériaux et des techniques de construction est essentiel pour la construction de robots.
- **Systèmes embarqués** : La maîtrise des microcontrôleurs, du développement de micrologiciels et du travail avec des périphériques tels que des capteurs et des actionneurs est essentielle pour concevoir et programmer les composants électroniques et les logiciels qui contrôlent les robots.
- **Vision par ordinateur** : ce sous-domaine de l'IA vise à permettre aux robots de "voir" et de donner un sens au monde visuel. Développer des compétences telles

que le traitement d'images, la reconnaissance d'objets et le suivi peut renforcer l'expertise en robotique.

- **Systèmes de contrôle robotique** : La connaissance de la théorie du contrôle, de la cinématique et de la planification de trajectoire est cruciale pour contrôler et diriger les systèmes robotiques et s'assurer qu'ils exécutent les tâches avec précision.
- **ROS (Robot Operating System)** : ROS est un middleware robotique populaire qui fournit des bibliothèques et des outils pour développer et contrôler des robots. La maîtrise de ROS permet la programmation du comportement et de l'interconnectivité du robot.
- **Interaction homme-robot** : Comprendre comment les robots interagissent avec les humains, prendre en compte les implications sociales et concevoir des interfaces utilisateur peut contribuer au succès des projets robotiques.

3.1.3 Traitement du langage naturel

La PNL traite de l'enseignement des ordinateurs pour comprendre et interpréter le langage humain. En traitant et en analysant de grandes quantités de données textuelles, les logiciels basés sur la PNL peuvent aider les entreprises et les particuliers à rationaliser leurs opérations et à obtenir des informations précieuses. Les compétences clés requises pour exceller en PNL incluent :

- **Prétraitement de texte** : La maîtrise du nettoyage, de la tokenisation et de la transformation de texte dans un format lisible par les algorithmes ML est essentielle pour développer des modèles NLP. La connaissance de techniques telles que le stemming, la lemmatisation et les n-grammes peut apporter une contribution significative.

- **Extraction de caractéristiques** : comprendre des techniques telles que la fréquence de document inverse de fréquence de terme (TF-IDF), les incorporations de mots (par exemple, Word2Vec, GloVe) et la méthode d'apprentissage en profondeur populaire BERT (représentations d'encodeurs bidirectionnels à partir de transformateurs) est essentielle pour convertir du texte en numérique caractéristiques.
- **Modèles et algorithmes de PNL** : La connaissance des algorithmes de PNL populaires comme Naïve Bayes, les modèles de Markov cachés, l'allocation de Dirichlet latente et les réseaux de neurones récurrents comme LSTM (Long Short-Term Memory) ou GRU (Gated Recurrent Unit) est essentielle pour diverses tâches de PNL.
- **Bibliothèques NLP** : La maîtrise des bibliothèques NLP populaires telles que NLTK (Natural Language Toolkit), SpaCy et Gensim peut faciliter le développement et le déploiement d'applications NLP.
- **Modèles de langage** : Comprendre comment fonctionnent les modèles de langage comme GPT-3 (Generative Pre-trained Transformer 3) d'OpenAI peut aider à les exploiter pour des applications innovantes telles que les chatbots, le résumé et la traduction automatique.

Pour réussir à améliorer vos compétences à l'ère de l'IA, il est essentiel d'explorer et d'améliorer votre compréhension de chaque composant clé : l'apprentissage automatique, la robotique et la PNL. Cette large base de connaissances vous permettra d'identifier les opportunités et de vous adapter à un paysage professionnel en constante évolution, vous assurant de rester indispensable à l'ère de l'IA.

3. Connaissance de l'IA : comprendre l'apprentissage automatique, la robotique et la PNL

À l'ère de l'évolution rapide des technologies de l'IA, le perfectionnement des compétences est crucial pour s'adapter et réussir sur un marché du travail concurrentiel. Cela implique d'acquérir une compréhension fondamentale des domaines clés de l'IA, notamment l'apprentissage automatique, la robotique et le traitement du langage naturel (TAL). Acquérir des connaissances dans ces domaines est vital, que vous souhaitiez trouver un nouvel emploi, conserver votre poste actuel ou faire progresser votre carrière. Approfondissons chacun de ces domaines essentiels :

3.1 Apprentissage automatique

L'apprentissage automatique est un sous-domaine de l'IA qui vise à permettre aux ordinateurs d'apprendre à partir de données sans programmation explicite. Grâce à l'exposition à de grandes quantités de données et à des algorithmes pertinents, les machines peuvent identifier des modèles, faire des prédictions et améliorer continuellement leurs performances.

Pour renforcer votre compréhension de l'apprentissage automatique, envisagez d'explorer les sujets suivants :

- **Apprentissage supervisé, non supervisé et par renforcement** : ce sont les principaux paradigmes d'apprentissage qui informent la façon dont les machines apprennent à partir des données. L'apprentissage supervisé implique l'utilisation d'ensembles de données étiquetés, tandis que l'apprentissage non supervisé consiste à identifier des modèles dans des données non étiquetées. L'apprentissage par renforcement, quant à lui, repose sur les signaux de récompense et la prise de décision.

- **Modèles et algorithmes** : Familiarisez-vous avec les modèles d'apprentissage automatique courants tels que la régression linéaire, les arbres de décision, les machines à vecteurs de support et les réseaux de neurones. De plus, il est utile de se familiariser avec divers algorithmes, notamment la descente de gradient, la rétropropagation et le clustering k-means.
- **Métriques d'évaluation** : Saisissez l'importance des métriques d'évaluation comme la précision, le rappel, le score F1 et les matrices de confusion. Ces outils aident à déterminer l'efficacité et la précision des modèles d'apprentissage automatique.
- **Frameworks et bibliothèques** : familiarisez-vous avec les frameworks d'apprentissage automatique populaires, tels que TensorFlow et PyTorch. Ces outils simplifient la mise en œuvre d'algorithmes complexes, ce qui permet aux individus d'expérimenter plus facilement l'apprentissage automatique.

3.2 Robotique

La robotique est un domaine multidisciplinaire qui implique la conception, la construction et l'exploitation de robots. Il est étroitement lié à l'IA car les robots s'appuient souvent sur des techniques d'IA, telles que la vision par ordinateur, pour la navigation et la prise de décision. Améliorez vos connaissances en robotique en vous concentrant sur ces domaines :

- **Composants robotiques** : Acquérir une compréhension des composants robotiques, tels que les capteurs, les actionneurs et les effecteurs finaux. Explorez également divers types de robots, notamment des robots mobiles, des manipulateurs et des robots humanoïdes.
- **Programmation robotique** : Familiarisez-vous avec les plates-formes de programmation robotique populaires telles que ROS (Robot Operating System) et les langages populaires, tels que Python ou C++. Ces outils sont essentiels pour programmer le comportement des robots et contrôler les systèmes robotiques.
- **SLAM** : Localisation et cartographie simultanées (SLAM) est une technique cruciale pour permettre aux robots de comprendre leur emplacement et leur environnement en traitant des données sensorielles. Comprendre les principes SLAM et ses algorithmes, tels que FastSLAM et ORB-SLAM, peut renforcer vos connaissances et votre expérience dans le domaine de la robotique.
- **Interaction homme-robot** : Familiarisez-vous avec les aspects cruciaux de la collaboration homme-robot, y compris la sécurité, la communication, les considérations éthiques et le rôle des robots sur le lieu de travail.

3.3 Traitement du langage naturel (TAL)

La PNL est un sous-domaine de l'IA qui permet aux ordinateurs de comprendre et de traiter le langage humain. Certaines applications de la PNL incluent l'analyse des sentiments, les chatbots et la synthèse de texte. Renforcez vos connaissances en PNL en explorant ces sujets :

- **Modèles de langage** : découvrez les modèles de langage tels que les n-grammes, les modèles de Markov cachés et les réseaux de neurones récurrents, qui sont utilisés pour prédire la probabilité de différentes structures de langage.
- **Prétraitement de texte** : Familiarisez-vous avec des techniques telles que la tokenisation, la suppression des mots vides, la radicalisation et la lemmatisation, qui sont essentielles pour un prétraitement efficace des données textuelles.
- **Extraction et représentation de caractéristiques** : comprendre diverses méthodes, telles que le sac de mots, la fréquence des termes à fréquence inverse des documents (TF-IDF) et les incorporations de mots, qui sont utilisées pour représenter des données textuelles sous une forme compréhensible par les machines.
- **Applications** : Obtenez une expérience pratique en mettant en œuvre des applications NLP, telles que l'analyse des sentiments, la traduction automatique ou la synthèse à l'aide de bibliothèques NLP populaires comme NLTK, spaCy et Bert, ainsi que des services NLP basés sur le cloud comme l'API Google Cloud Natural Language et Amazon. Comprendre.

En améliorant vos compétences en apprentissage automatique, en robotique et en PNL, vous améliorerez votre compréhension des technologies de l'IA et de leurs applications émergentes sur le marché du travail. De plus, ces connaissances constituent une base solide pour une carrière réussie à l'ère de l'IA, vous permettant de vous adapter à l'évolution des exigences du poste et d'exceller dans vos efforts professionnels.

3.1 Apprentissage automatique : une composante essentielle de l'IA

L'apprentissage automatique est un sous-domaine majeur de l'intelligence artificielle qui donne aux ordinateurs la capacité d'apprendre à partir de données sans être explicitement programmés pour le faire. Essentiellement, les algorithmes d'apprentissage automatique sont conçus pour reconnaître des modèles dans les données et modifier leurs modèles sous-jacents en fonction de ces modèles. De cette façon, ils peuvent améliorer leurs performances sur une tâche donnée lorsque davantage de données sont disponibles. Ci-dessous, nous aborderons trois types de techniques d'apprentissage automatique : l'apprentissage supervisé, l'apprentissage non supervisé et l'apprentissage par renforcement.

3.1.1 Apprentissage supervisé

L'apprentissage supervisé est le type d'apprentissage automatique le plus courant, où un algorithme est formé sur un ensemble d'exemples étiquetés. L'algorithme apprend à mapper les entités d'entrée aux étiquettes de sortie sur la base de ces exemples. Une fois formé, l'algorithme peut être utilisé pour prédire les étiquettes de sortie pour des données d'entrée inédites. Deux tâches courantes dans l'apprentissage supervisé sont *la classification* et *la régression* .

La classification consiste à catégoriser les entrées en deux classes ou plus, comme reconnaître si un e-mail donné est un spam (classe 1) ou non un spam (classe 2). Les arbres de décision, les machines à vecteurs de support et les réseaux de neurones sont des exemples d'algorithmes d'apprentissage supervisé utilisés pour les problèmes de classification.

La régression , en revanche, prédit une valeur continue plutôt que des catégories. Un exemple de problème de régression serait de prédire le prix d'une maison en fonction de ses propriétés telles que la taille, le nombre de chambres, l'emplacement, etc. La régression linéaire, la régression de crête et les arbres de renforcement de gradient sont des exemples d'algorithmes utilisés pour les problèmes de régression.

3.1.2 Apprentissage non supervisé

En *apprentissage non supervisé* , l'algorithme n'est pas alimenté avec des données étiquetées. Au lieu de cela, il reçoit des données d'entrée sans aucune étiquette de sortie spécifiée et il apprend à trouver la structure ou les modèles dans les données. Deux tâches notables d'apprentissage non supervisé sont *le regroupement* et *la réduction de la dimensionnalité* .

Le regroupement est le processus d'identification de groupes dans les données sur la base de mesures de similarité. Par exemple, des algorithmes de clustering peuvent être appliqués aux données client pour identifier différents segments pour des stratégies marketing ciblées. K-means, clustering hiérarchique et DBSCAN sont des exemples d'algorithmes de clustering.

La réduction de la dimensionnalité consiste à réduire la quantité d'entités ou de dimensions dans les données tout en conservant la plupart des informations nécessaires. En réduisant la complexité des données, la réduction de la dimensionnalité peut améliorer les performances et l'efficacité des modèles d'apprentissage automatique.

L'analyse en composantes principales (ACP), l'incorporation de voisins stochastiques distribués en t (t-SNE) et les auto-encodeurs sont des exemples de techniques de réduction de la dimensionnalité.

3.1.3 Apprentissage par renforcement

L'apprentissage par renforcement est un type d'apprentissage automatique où un agent apprend à prendre des décisions en interagissant avec son environnement. L'agent reçoit des commentaires sous forme de récompenses ou de pénalités pour chaque action qu'il effectue, et il vise à maximiser la récompense cumulée au fil du temps. Les algorithmes d'apprentissage par renforcement ont été appliqués avec succès dans des domaines tels que la robotique, le jeu et les systèmes de recommandation.

Certains algorithmes d'apprentissage par renforcement populaires incluent Q-learning, Deep Q-Networks (DQN) et Proximal Policy Optimization (PPO).

3.2 Robotique : entraîner des machines pour des tâches physiques

La robotique est une branche de l'intelligence artificielle axée sur la conception, la création et l'exploitation de robots, qui sont des machines autonomes ou semi-autonomes capables d'effectuer des tâches dans divers environnements. Les robots alimentés par l'IA utilisent des techniques d'apprentissage automatique telles que la vision par ordinateur, le traitement du langage naturel et l'apprentissage par renforcement pour naviguer, reconnaître des objets et interagir avec leur environnement.

Propulsés par les avancées de l'IA, les robots sont désormais capables de surmonter les défis du monde réel, en automatisant des tâches dans divers domaines tels que la fabrication, l'agriculture, la santé et les services personnels.

3.3 Traitement automatique du langage naturel (TLN) : donner un sens au langage humain

Le traitement du langage naturel (NLP) est un autre sous-domaine critique de l'intelligence artificielle qui vise à permettre aux machines de traiter, d'interpréter et de générer le langage humain de manière significative. Grâce aux techniques de PNL, l'IA peut comprendre, analyser et répondre au langage écrit ou parlé, permettant ainsi un large éventail d'applications, des chatbots et assistants personnels à l'analyse des sentiments et à la traduction automatique.

Voici quelques techniques PNL populaires :

- *La tokenisation* est le processus de décomposition du texte en mots ou en jetons individuels pour faciliter une analyse plus approfondie.
- *Le marquage des parties du discours* attribue des informations grammaticales (comme les noms, les verbes, les adjectifs, etc.) à chaque jeton dans un texte.
- *Named Entity Recognition (NER)* identifie et classe les entités nommées importantes, telles que les personnes, les organisations et les lieux dans un texte.

- *L'analyse des sentiments* détermine le sentiment (positif, négatif ou neutre) exprimé dans un morceau de texte.
- *La traduction automatique* traduit automatiquement le texte d'une langue à une autre.

En résumé, comprendre l'apprentissage automatique, la robotique et le traitement du langage naturel est essentiel pour se préparer aux défis et opportunités présentés par l'ère de l'IA. Développer une base solide dans ces sous-domaines de l'IA peut vous aider à identifier les domaines présentant le potentiel le plus important de sécurité d'emploi et de croissance, ainsi que vous permettre de mieux vous adapter à l'évolution rapide du lieu de travail doté de l'IA.

3.1 Apprentissage automatique : algorithmes, outils et applications

3.1.1 Qu'est-ce que l'apprentissage automatique ?

L'apprentissage automatique (ML) est un domaine de l'intelligence artificielle qui offre aux systèmes la capacité d'apprendre et de s'améliorer automatiquement à partir de l'expérience sans être explicitement programmés. Il s'agit d'une méthode d'analyse de données qui automatise le processus de création de modèles analytiques. L'apprentissage automatique permet aux ordinateurs de trouver des modèles et de prendre des décisions à l'aide de données sans intervention humaine.

Il existe trois principaux types d'apprentissage automatique :

1. **Apprentissage supervisé** : l'algorithme apprend à partir d'un ensemble de données étiqueté, où la sortie correcte est fournie. L'algorithme fait des prédictions

basées sur les données d'entrée et ajuste ses prédictions en fonction des résultats réels. Les applications typiques incluent la reconnaissance d'images, la détection de spam et les prévisions de cours des actions.

2. **Apprentissage non supervisé** : l'algorithme apprend à partir d'un ensemble de données non étiqueté, cherchant à trouver des modèles inhérents dans les données. Ceci est couramment utilisé pour les tâches de clustering, de réduction de dimensionnalité et de détection d'anomalies.

3. **Apprentissage par renforcement** : L'algorithme apprend en interagissant continuellement avec son environnement et en recevant des commentaires sous forme de récompenses positives ou négatives. Ce type d'apprentissage est utilisé dans la robotique et les systèmes de contrôle pour optimiser les décisions dans le temps.

3.1.2 Algorithmes et techniques clés

Voici quelques algorithmes et techniques d'apprentissage automatique populaires :

1. *Régression linéaire* : Un algorithme simple qui modélise la relation entre une variable dépendante et une ou plusieurs variables indépendantes. Ceci est souvent utilisé pour prédire des valeurs numériques.

2. *Régression logistique* : Semblable à la régression linéaire mais utilisée pour les problèmes de classification binaire, c'est-à-dire lorsque la sortie est 0 ou 1.

3. *Arbres de décision* : un modèle arborescent utilisé à la fois pour les tâches de classification et de régression, il divise de manière récursive l'ensemble

de données en fonction du meilleur attribut et du seuil correspondant, créant une structure arborescente.

4. *Machines à vecteurs de support* : un modèle d'apprentissage supervisé utilisé pour la classification et l'analyse de régression qui construit un hyperplan ou un ensemble d'hyperplans dans un espace de dimension élevée ou infinie, séparant les points de données en catégories.

5. *Réseaux de neurones* : un ensemble d'algorithmes inspirés de la structure et de la fonction du cerveau humain, capables d'apprendre à partir de grandes quantités de données pour des tâches telles que la reconnaissance d'images et de la parole ou le traitement du langage naturel.

6. *K-means Clustering* : Un algorithme d'apprentissage non supervisé qui partitionne les points de données en k clusters, où chaque point de données appartient au cluster avec la moyenne la plus proche.

7. *Analyse en composantes principales* : Une technique pour réduire la dimensionnalité de grands ensembles de données, en préservant autant d'informations que possible tout en éliminant les caractéristiques corrélées.

3.1.3 Outils et cadres

Divers outils et cadres facilitent la mise en œuvre et l'expérimentation d'algorithmes d'apprentissage automatique. Certaines options populaires incluent :

1. **Python** : un langage de programmation polyvalent et largement utilisé avec des bibliothèques étendues pour l'analyse de données, l'apprentissage automatique et l'apprentissage en profondeur, telles que Scikit-learn, TensorFlow et PyTorch.

2. **R** : Un langage de programmation conçu spécifiquement pour l'analyse statistique, la visualisation et le reporting, avec de nombreux packages pour l'apprentissage automatique, comme Caret et xgboost.
3. **MATLAB** : Environnement informatique populaire parmi les ingénieurs et les scientifiques, MATLAB propose une suite complète d'outils d'apprentissage automatique et d'apprentissage en profondeur, tels que Neural Network Toolbox et Machine Learning Toolbox.
4. **TensorFlow** : bibliothèque d'apprentissage en profondeur open source développée par Google, TensorFlow prend en charge la création et la formation de réseaux de neurones à l'aide d'API de haut niveau comme Keras.
5. **Apache Spark** : une plate-forme informatique distribuée avec des bibliothèques d'apprentissage automatique intégrées MLlib et GraphX, prenant en charge le traitement et l'analyse de données à grande échelle.

3.1.4 Applications du monde réel

L'apprentissage automatique a d'innombrables applications pratiques qui couvrent un large éventail d'industries :

1. *Soins de santé* : les algorithmes de ML peuvent analyser des images médicales, identifier des modèles dans les données génétiques et prédire les résultats des maladies.
2. *Finance* : L'apprentissage automatique est utilisé pour la notation du crédit, la détection des fraudes, le trading algorithmique et la gestion de portefeuille.
3. *Marketing* : les algorithmes ML peuvent segmenter les clients, prévoir le taux de désabonnement,

optimiser les prix et personnaliser les campagnes publicitaires.

4. *Fabrication* : le ML peut être utilisé pour améliorer l'efficacité de la production, prévoir les pannes d'équipement et gérer les chaînes d'approvisionnement.

5. *Transport* : l'apprentissage automatique peut aider à optimiser les itinéraires, à prévoir les besoins de maintenance et à développer des véhicules autonomes.

Dans l'ensemble, comprendre l'apprentissage automatique et ses grands principes est crucial pour naviguer dans l'avenir alimenté par l'IA. Avoir une solide compréhension des algorithmes, des outils, des cadres et des applications ML vous permettra de vous adapter à de nouveaux rôles sur le marché du travail ou de progresser dans votre carrière actuelle.

4. Nourrir les compétences générales : la clé de la résilience de l'IA

Avec l'essor de l'IA, beaucoup prédisent que les ouvriers humains seront remplacés par des machines, les réceptionnistes par des chatbots et la gestion des stocks par des systèmes automatisés. En cette ère de changement, posséder les **bonnes** compétences non techniques sera la clé pour garder une longueur d'avance et rester pertinent dans une économie de plus en plus axée sur l'IA. Alors que les compétences techniques sont liées aux outils et aux technologies que nous utilisons et peuvent toujours être réapprises ou adaptées, les compétences non techniques, qui sont des compétences humaines innées, permettent aux humains d'étendre leur capacité de collaboration, de résolution de problèmes et de développement holistique. Ici, nous nous concentrons sur le développement de l'empathie, de l'adaptabilité et de l'apprentissage tout au long de la vie pour améliorer la résilience de l'IA.

Empathie

L'empathie est la capacité de comprendre, de partager et de répondre aux émotions et aux perspectives des autres. C'est une compétence essentielle qui vous permet d'établir des liens, de gérer les conflits et de collaborer efficacement. L'IA peut traiter d'immenses quantités de données à des vitesses incroyables, mais il lui manque actuellement la capacité humaine instinctive à faire preuve d'empathie. Voici quelques façons de nourrir l'empathie :

1. **Écoute active** : Engagez-vous dans une écoute active pour vraiment comprendre les autres. Maintenez un contact visuel, évitez de l'interrompre et fournissez des commentaires pour montrer que vous vous souciez de ses préoccupations.
2. **Posez des questions ouvertes** : encouragez les autres à partager leurs pensées en posant des questions qui nécessitent plus qu'une simple réponse "oui" ou "non".
3. **S'engager dans des exercices d'intelligence émotionnelle** : L'intelligence émotionnelle (EQ) est liée à la capacité d'identifier, de comprendre et de gérer efficacement les émotions. Construisez votre QE en observant vos propres réponses émotionnelles et en renforçant votre capacité à sympathiser avec les autres.
4. **Pratiquer la pleine conscience** : La pleine conscience vous aide à devenir plus conscient du moment présent et à développer une meilleure compréhension de vous-même et des autres. La méditation, la respiration profonde et le maintien d'un journal peuvent aider à améliorer la pleine conscience et l'empathie.

Adaptabilité

À l'ère de l'IA, le changement est rapide et omniprésent. Posséder une capacité d'adaptation vous permet de réagir à de nouvelles situations, d'adopter de nouvelles technologies et de tirer parti de nouvelles opportunités. Voici comment favoriser l'adaptabilité :

1. **Cultiver un état d'esprit de croissance** : développer la curiosité et relever les défis. Concentrez-vous sur l'apprentissage de vos expériences et de vos erreurs, plutôt que de les craindre.

2. **Adoptez les nouvelles technologies** : restez informé des nouveaux développements technologiques et saisissez les opportunités qu'ils présentent, même s'ils peuvent perturber votre façon de travailler actuelle.
3. **S'engager dans des projets interdisciplinaires** : Collaborer avec des personnes de différents domaines ou secteurs pour développer une perspective complète.
4. **Renforcez votre résilience** : cultivez votre capacité à rebondir face à l'adversité en adoptant un état d'esprit qui considère les défis comme des opportunités de croissance et de nouvelles expériences.

Apprentissage tout au long de la vie

L'apprentissage continu est crucial pour votre croissance personnelle et professionnelle à l'ère de l'IA. Les nouvelles technologies se développent rapidement et il est essentiel de se tenir au courant des dernières avancées en matière d'IA et d'autres domaines. Voici quelques façons de développer une habitude d'apprentissage tout au long de la vie :

1. **Fixez des objectifs d'apprentissage SMART** : Établissez des objectifs spécifiques, mesurables, réalisables, pertinents et limités dans le temps pour la croissance personnelle et professionnelle.
2. **Restez à jour avec les tendances de l'industrie** : Abonnez-vous aux newsletters, podcasts et publications liés à l'industrie pour rester informé des développements dans votre domaine.
3. **Participez à des cours en ligne** : profitez des cours en ligne et des plateformes d'apprentissage telles que Coursera, LinkedIn Learning et Udacity pour vous perfectionner.

4. **Assistez à des conférences et à des ateliers** : Participez à des événements de l'industrie pour rester informé et réseauter avec des professionnels partageant les mêmes idées.
5. **Trouvez un mentor ou devenez un mentor** : engagez-vous dans le mentorat pour partager votre expertise, créer des liens et acquérir de nouvelles perspectives.

Adopter des compétences non techniques représente un avantage unique et irremplaçable que les humains peuvent exploiter pour rester pertinents et prospères à l'ère de l'IA. En favorisant l'empathie, l'adaptabilité et un état d'esprit d'apprentissage tout au long de la vie, vous investissez dans un ensemble de compétences à l'abri de l'automatisation et devenez indispensable sur le marché du travail de demain.

4.1 L'importance des compétences non techniques à l'ère de l'IA

À l'ère de l'IA et de l'automatisation, **les compétences non techniques** sont devenues plus importantes que jamais. À mesure que les machines effectuent des tâches plus techniques, l'élément humain devient de plus en plus important. Les employés doivent avoir de solides compétences interpersonnelles et de communication, car l'intelligence artificielle n'est pas encore assez avancée pour offrir ces qualités humaines essentielles. La façon dont nous travaillons les uns avec les autres, ainsi que la façon dont nous collaborons et pensons de manière créative, nous donne un avantage sur nos homologues de l'IA. Dans ce chapitre, nous nous concentrerons sur plusieurs compétences non techniques qui sont essentielles pour prospérer à l'ère de l'IA et sur la manière de les entretenir.

4.1.1 Intelligence émotionnelle

L'intelligence émotionnelle (EQ) est la capacité à reconnaître, comprendre et gérer nos propres émotions, ainsi qu'à reconnaître, comprendre et influencer les émotions des autres. Être émotionnellement intelligent permet aux employés de naviguer efficacement dans les relations interpersonnelles, de travailler en équipe et de s'adapter au changement, des compétences essentielles pour prospérer dans un lieu de travail dominé par l'IA. Comprendre vos propres réactions émotionnelles et celles de vos collègues vous permettra de travailler harmonieusement et d'optimiser votre productivité. En conséquence, les organisations valorisent plus que jamais l'intelligence émotionnelle.

Pour développer l'intelligence émotionnelle, les employés peuvent pratiquer les techniques suivantes :

- **Conscience de soi** : Réfléchir et identifier vos forces et vos faiblesses, ainsi que comprendre comment vos émotions affectent votre comportement et votre prise de décision.
- **Empathie** : Mettez-vous à la place des autres et tenez compte de leur point de vue pour établir de meilleures relations.
- **Régulation des émotions** : Apprenez à gérer vos réactions émotionnelles, soyez plus adaptable et réactif au changement, et gérez efficacement les situations stressantes.
- **Compétences sociales** : Développer des compétences interpersonnelles et une écoute active pour communiquer efficacement avec les autres, gérer les conflits et influencer positivement la dynamique d'équipe.

4.1.2 Pensée critique

La pensée critique est un processus qui implique d'analyser, d'évaluer et de former des jugements logiques avec soin sur une situation ou un problème. Cette compétence est cruciale car elle permet aux individus de penser de manière créative, de prendre des décisions plus intelligentes et de regarder au-delà de la surface. À l'ère de l'IA, des capacités de pensée critique sont nécessaires pour évaluer les implications éthiques de la technologie de l'IA ou pour évaluer la crédibilité des données et des algorithmes utilisés.

Pour nourrir leur esprit critique, les employés peuvent :

- Renforcer leurs capacités d'analyse et de résolution de problèmes en s'attaquant à des problèmes complexes et en recherchant de multiples solutions.
- S'engager à apprendre et à se développer continuellement afin de se tenir au courant des développements de l'industrie et des avancées technologiques.
- Engagez des discussions et des débats avec des collègues et des mentors, en explorant de nouvelles idées et perspectives.
- Entraînez-vous à évaluer les hypothèses et la crédibilité des sources d'information, et n'acceptez pas l'information pour argent comptant sans examiner de manière critique sa qualité.

4.1.3 Créativité et innovation

Les systèmes d'IA sont conçus pour apprendre et effectuer des tâches en fonction des données qu'ils reçoivent. Cependant, ils n'ont pas la capacité humaine innée de générer par eux-mêmes des idées ou des concepts originaux et inventifs. Pour rester pertinents à l'ère de l'IA, les employés doivent s'engager dans **une réflexion créative** et **une résolution de problèmes innovante** qui va au-delà des paramètres des capacités de l'IA.

Pour favoriser la créativité et l'innovation, les employés peuvent :

- Participez régulièrement à des séances de remue-méninges, individuellement ou avec leurs collègues, pour générer des idées et résoudre des problèmes.
- Recherchez activement de nouvelles expériences et apprenez de diverses perspectives, car l'exposition à de nouvelles idées et façons de penser favorise la créativité.
- S'autoriser à prendre des risques, à faire des erreurs et à en tirer des leçons, car cela aide à remettre en question la pensée conventionnelle.
- Créer un environnement qui favorise l'innovation et soutient la génération et l'exécution de nouvelles idées.

4.1.4 Adaptabilité et flexibilité

Les progrès rapides de l'IA et des technologies d'automatisation signifient que le lieu de travail est en constante évolution. Les organisations ont besoin d'employés qui possèdent un haut niveau d'**adaptabilité** et **de flexibilité** pour être intégrés de manière productive et capables de s'adapter à tout changement. Essentiellement, les individus adaptables adoptent le processus d'apprentissage et de désapprentissage en réponse à l'environnement changeant, restent ouverts à de nouvelles possibilités et sont réceptifs au changement.

Pour améliorer l'adaptabilité et la flexibilité, les employés peuvent :

- Développez un état d'esprit de croissance, en considérant les défis comme des opportunités de croissance plutôt que comme des menaces ou des revers.
- Restez à jour avec les tendances et les développements de l'industrie, soyez proactif dans la recherche d'opportunités de croissance et participez à l'apprentissage continu.
- Entraînez-vous à être ouvert d'esprit et agile, à développer une aisance face au changement, à accepter volontiers les commentaires et à rechercher de manière proactive des moyens de vous améliorer.
- Trouver des moyens d'appliquer les compétences et les connaissances acquises dans de nouvelles situations ou environnements, élargissant ainsi leurs compétences.

4.1.5 Communication et coopération

Une communication et **une collaboration** efficaces sont des éléments essentiels pour tout lieu de travail, quelle que soit la présence de l'IA. Une communication claire et concise aide à éviter les malentendus, tandis qu'une collaboration efficace garantit que les équipes peuvent travailler ensemble de manière fluide et efficace. L'IA peut aider à accomplir des tâches, mais elle ne peut pas remplacer le contact humain nécessaire à la gestion des relations interpersonnelles ou du travail d'équipe.

Pour renforcer les compétences de communication et de collaboration, les employés peuvent :

- Assurez-vous qu'ils écoutent activement et avec empathie, en validant les perspectives et les opinions des autres dans la communication.
- Entraînez-vous à adapter et à personnaliser leur style de communication en fonction du contexte et des préférences de communication du destinataire.
- Utiliser des techniques pour améliorer la communication verbale et non verbale, telles que le ton de la voix, le langage corporel et les expressions faciales.
- Promouvoir une communication ouverte et la transparence entre les membres de l'équipe et établir des relations basées sur la confiance, le respect et la collaboration.

En développant ces compétences non techniques cruciales, les employés se positionnent pour rester très précieux et partie intégrante de leur organisation, même à l'ère de l'IA. Alors que la balance penche davantage vers l'intelligence artificielle pour les tâches techniques, les employés devraient se concentrer sur le développement et l'amélioration des compétences intrinsèquement humaines que l'IA ne peut remplacer. Cultiver ces compétences non techniques permet aux individus de s'adapter de manière transparente aux changements du marché du travail et d'être très résilients face aux progrès de l'IA.

4. Nourrir les compétences générales : la clé de la résilience de l'IA

Alors que la révolution de l'IA s'installe, un nombre croissant d'industries ressentent l'impact de l'automatisation, ce qui oblige les employés actuels et futurs à améliorer leurs compétences afin de se rendre indispensables dans leur domaine de prédilection. À l'ère de l'IA, les compétences non techniques - les compétences qui différencient les humains des machines - apparaissent comme des attributs importants pour les personnes qui cherchent à rester pertinentes sur le lieu de travail.

Bien que les compétences techniques soient cruciales, elles peuvent être acquises par des machines, laissant ceux qui en dépendent uniquement vulnérables au déplacement. Les compétences non techniques, en revanche, sont beaucoup plus difficiles à apprendre pour les machines, ce qui en fait la clé de la résilience de l'IA. En développant ces compétences, les individus peuvent maximiser leur valeur sur le lieu de travail et assurer leur employabilité à long terme. Dans cette section, nous discuterons de certaines des compétences non techniques les plus critiques pour développer et fournir des stratégies pour perfectionner ces capacités.

4.1. Intelligence émotionnelle

L'intelligence émotionnelle (IE) fait référence à la capacité de reconnaître, de comprendre et de gérer nos propres émotions et les émotions des autres. Cette compétence concerne la communication efficace, l'empathie et la conscience sociale, permettant aux individus de collaborer et de diriger efficacement. Dans un monde où l'IA s'intègre de plus en plus dans notre quotidien, la capacité à se connecter avec les autres à un niveau humain est un atout particulièrement précieux. Pour développer l'intelligence émotionnelle, considérez ce qui suit :

1. Pratiquez l'écoute active : faites un effort conscient pour engager des conversations sans vous interrompre ni vous précipiter pour donner votre opinion. Cela aide à développer l'empathie et la

compréhension, ainsi qu'à favoriser un environnement de confiance et de respect.

2. Réfléchissez à vos émotions : Prenez régulièrement le temps d'évaluer votre état émotionnel et d'identifier les éléments déclencheurs pouvant entraîner des réactions négatives. Cela vous permettra de résoudre tous les problèmes et de naviguer plus efficacement dans les situations difficiles.

3. Établissez des relations interpersonnelles : Favorisez des liens solides avec vos collègues et les autres membres de votre réseau professionnel en recherchant des occasions de conversation ou d'activités de renforcement d'équipe.

4.2. Adaptabilité & Flexibilité

Avec les progrès technologiques qui modifient le paysage professionnel à un rythme rapide, l'adaptabilité et la flexibilité sont devenues des traits essentiels. Les travailleurs qui adoptent de nouvelles idées, s'adaptent à des environnements changeants et recherchent en permanence des opportunités de croissance personnelle et professionnelle sont plus susceptibles de réussir à l'ère de l'IA. Pour améliorer l'adaptabilité et la flexibilité, envisagez les stratégies suivantes :

1. Poursuivre l'apprentissage et le développement continus : restez curieux et profitez de ressources telles que des cours en ligne, des livres et des podcasts pour rester informé de l'évolution des technologies et des tendances de l'industrie.

2. Adoptez le changement : reconnaissez que le changement est inévitable et considérez-le comme une opportunité de croissance plutôt qu'une menace. Ce faisant, vous serez plus ouvert à explorer un territoire inconnu et à relever de nouveaux défis.

3. Renforcer la résilience : Travaillez à développer un état d'esprit résilient en acceptant l'échec et en le considérant comme une opportunité d'apprendre et de s'adapter.

4.3. La créativité

La créativité est une compétence humaine unique qui ne peut pas être facilement reproduite par des machines. En cultivant cette capacité, les individus sont capables de concevoir des solutions innovantes aux défis et de penser de manière critique et analytique. Pour améliorer la créativité, essayez les techniques suivantes :

1. Engagez-vous dans des sessions de brainstorming : réservez du temps pour générer de nouvelles idées, individuellement ou avec des collègues. Le brainstorming permet la libre circulation des idées, encourageant une approche ouverte à la résolution de problèmes.
2. Connectez des idées apparemment sans rapport : Cherchez à identifier des modèles et des liens entre des concepts apparemment sans rapport. Cette méthode peut conduire à de nouvelles approches pour résoudre les problèmes et encourager l'innovation.
3. Explorez de nouvelles expériences : sortez de votre zone de confort pour découvrir de nouvelles cultures, perspectives ou environnements. Ces expériences peuvent inspirer de nouvelles idées et aider à favoriser la pensée créative.

4.4. Esprit critique

La pensée critique est la capacité d'évaluer et d'analyser objectivement des informations afin de prendre des décisions éclairées. Cette compétence concerne le raisonnement logique, la résolution de problèmes et la prise de décision, qui sont essentielles pour relever des défis complexes dans un lieu de travail en constante évolution. Pour améliorer vos capacités de pensée critique, considérez ce qui suit :

1. Cultivez un scepticisme sain : Remettez en question les hypothèses et recherchez plusieurs sources d'informations pour garantir une perspective bien informée.
2. Analysez les informations de manière logique : décomposez les problèmes complexes en composants plus petits et évaluez chaque aspect avant de prendre une décision.
3. Pratiquez l'ouverture d'esprit : soyez prêt à adapter vos conclusions en fonction de nouvelles preuves, plutôt que de vous accrocher obstinément aux croyances initiales.

4.5. Collaboration et travail d'équipe

À mesure que les systèmes d'IA s'intègrent de plus en plus au lieu de travail, l'importance de la collaboration et du travail d'équipe augmente. Afin de maximiser la productivité et la créativité, les individus doivent être capables de travailler efficacement avec les humains et les machines. Pour améliorer vos capacités de collaboration et de travail d'équipe, envisagez les stratégies suivantes :

1. Développez de solides compétences en communication : assurez-vous de pouvoir exprimer efficacement vos idées, d'écouter les autres et d'utiliser des commentaires constructifs pour améliorer vos performances.

2. Montrez une volonté de coopérer : Soyez ouvert au partage d'informations, de ressources et d'idées avec des collègues, et montrez une volonté de faire des compromis si nécessaire.
3. Favorisez un environnement d'équipe positif : encouragez un sentiment d'appartenance au sein de votre équipe, soyez solidaire et appréciez les forces et les perspectives uniques que chaque membre apporte.

En conclusion, cultiver des compétences non techniques, telles que l'intelligence émotionnelle, l'adaptabilité, la créativité, la pensée critique et la collaboration/le travail d'équipe, est essentiel pour les personnes qui cherchent à rester pertinentes et utiles à l'ère de l'IA. En perfectionnant ces compétences, nous pouvons établir un avantage concurrentiel sur les machines et assurer une employabilité et une réussite à long terme dans un monde du travail en évolution rapide.

4. Nourrir les compétences générales : la clé de la résilience de l'IA

À l'ère de l'IA, acquérir et affiner des compétences non techniques est devenu crucial pour se différencier de l'automatisation croissante de nombreuses tâches. À mesure que les technologies évoluent et deviennent plus capables de tâches cognitives d'ordre supérieur, la demande de qualités humaines, d'empathie et de compréhension des émotions complexes ne fait qu'augmenter. Dans cette section, nous discuterons de l'importance de cultiver et de développer des compétences non techniques essentielles pour maintenir un avantage concurrentiel et garantir que les humains restent des ressources précieuses au sein de la main-d'œuvre.

4.1 Intelligence émotionnelle

L'intelligence émotionnelle, ou QE, fait référence à la capacité d'une personne à reconnaître, comprendre et gérer ses émotions et celles des autres. Il s'agit d'une compétence que l'IA ne peut pas facilement reproduire, et elle devient cruciale pour naviguer dans les interactions humaines qui sont encore irremplaçables sur le lieu de travail. Pour renforcer votre intelligence émotionnelle, considérez les conseils suivants :

- **Développer l'empathie** - Mettez-vous à la place des autres et imaginez ce qu'ils ressentent pour créer une meilleure compréhension de leur point de vue.
- **Réfléchissez aux émotions** - Identifiez et analysez régulièrement vos émotions, ainsi que les émotions des autres, et comment elles peuvent avoir un impact sur les processus de prise de décision.
- **Améliorer la communication** - Cultivez l'écoute active et clarifiez vos messages pour maintenir des canaux de communication clairs.

4.2 Adaptabilité

L'ère de l'IA exige des professionnels qu'ils deviennent agiles et adaptables pour rester pertinents dans un environnement de travail en constante évolution. La résilience et la capacité d'apprendre de l'échec sont des aspects importants de l'adaptabilité. Pour améliorer votre capacité d'adaptation à l'ère de l'IA, considérez ces étapes :

- **Cultivez un état d'esprit de croissance** - Adoptez l'apprentissage et considérez les défis comme des opportunités de croissance.
- **Restez à jour** - Gardez une trace des nouvelles et des mises à jour pertinentes dans votre secteur pour

prévoir et vous préparer aux changements de main-d'œuvre.

- **Développer les compétences** - Développer une expertise dans de nouvelles compétences sur diverses plateformes ou par le biais de certifications et de cours professionnels.

4.3 Pensée critique et résolution de problèmes

Dans un monde où l'IA et l'automatisation résolvent de plus en plus de nombreux problèmes, les professionnels doivent puiser dans leurs compétences uniques en matière de pensée critique pour analyser et synthétiser de multiples sources d'informations. Pour perfectionner ces compétences, envisagez ces activités :

- **Pratiquez le raisonnement analytique** - Recherchez des modèles, décomposez des problèmes complexes et évaluez-les objectivement pour trouver des solutions créatives.
- **Engagez-vous dans un débat sain** - Exposez-vous à divers points de vue en vous engageant dans des discussions ou des débats éclairés avec différents experts en la matière.
- **Développer la curiosité** - Cultivez la curiosité pour les nouvelles technologies, leurs capacités et leurs applications potentielles dans votre domaine.

4.4 Créativité et innovation

La capacité de l'esprit humain à conceptualiser de nouvelles idées et à sortir des sentiers battus est cruciale pour le succès à long terme de l'entreprise. L'IA peut être en mesure d'aider les professionnels à automatiser les tâches, mais elle ne peut pas encore reproduire la capacité humaine à créer des idées innovantes uniques. Pour nourrir votre créativité et vos capacités d'innovation, essayez ces conseils :

- **Laissez-vous inspirer** - Exposez-vous à l'art, à la littérature ou à la musique et analysez comment ils inspirent vos processus créatifs.
- **Recherchez des expériences diverses** - Immergez-vous dans différentes cultures, industries ou domaines d'expertise pour trouver des idées innovantes dans divers domaines.
- **Collaborez** - Échangez des idées avec des collègues, des amis ou des pairs de l'industrie pour recueillir diverses perspectives et favoriser la créativité.

4.5 Compétences interpersonnelles

Une collaboration réussie avec des coéquipiers et des collègues favorise un environnement de travail positif qui encourage la croissance et l'efficacité. Développer de solides compétences interpersonnelles peut vous aider à naviguer dans les aspects centrés sur l'humain de votre travail, que l'IA ne peut pas reproduire. Considérez ces suggestions pour perfectionner vos compétences interpersonnelles :

- **Pratiquez l'écoute active** - Accordez toute votre attention à l'orateur, posez des questions et faites des résumés mentaux pour assurer une compréhension optimale.
- **Identifiez les signaux non verbaux** - Observez le langage corporel, les expressions faciales et le ton de la voix pour obtenir une signification complète des interactions.
- **Développer des compétences en résolution de conflits** - Apprenez à arbitrer et à résoudre les

conflits au sein des équipes tout en maintenant une atmosphère positive pour la collaboration.

En conclusion, entretenir et améliorer les compétences non techniques à l'ère de l'IA est crucial pour rester compétitif et garantir votre valeur professionnelle. En vous concentrant sur l'intelligence émotionnelle, l'adaptabilité, la pensée critique, la créativité et les compétences interpersonnelles, vous pouvez développer la résilience de l'IA et exceller à l'ère de l'automatisation. Encouragez l'apprentissage tout au long de la vie et favorisez un état d'esprit positif pour faire évoluer en permanence vos compétences et rester un atout indispensable sur le marché du travail.

4.1 L'importance des compétences non techniques à l'ère de l'IA

Alors que le monde adopte l'intelligence artificielle (IA) et l'apprentissage automatique, il devient de plus en plus clair que ce ne sont pas seulement les connaissances techniques et les compétences numériques qui vous permettront de rester résilient à l'IA. En fait, les compétences non techniques, également appelées intelligence émotionnelle ou compétences interpersonnelles, sont aujourd'hui plus vitales que jamais. Face à l'automatisation alimentée par l'IA et au déplacement d'emplois qui en résulte, les soft skills joueront un rôle crucial pour vous démarquer des machines et sécuriser votre avenir professionnel. Cette sous-section se penche sur la valeur du développement des compétences non techniques à l'ère de l'IA, ainsi que sur l'identification des compétences non techniques clés nécessaires au succès.

4.1.1 Pourquoi les compétences non techniques sont importantes

L'IA et l'automatisation gérant une grande partie des tâches routinières, répétitives et techniques, la valeur de la main-d'œuvre humaine se déplace progressivement vers des compétences uniques à notre espèce. Les compétences non techniques, que les machines sont loin de maîtriser, mettent en évidence la créativité humaine, l'empathie et la communication, des caractéristiques difficiles à reproduire pour l'IA. Le rapport Future of Jobs du Forum économique mondial [^1^] souligne l'importance de ces compétences, et le rapport Global Talent Trends 2019 de LinkedIn [^2^] montre qu'un pourcentage stupéfiant de 92 % des recruteurs mettent l'accent sur les compétences non techniques comme étant tout aussi ou plus importantes que les compétences techniques. compétences.

Voici pourquoi les entreprises mettent davantage l'accent sur les compétences non techniques à l'ère de l'IA :

- **Collaboration homme-machine améliorée** : à mesure que les machines et les algorithmes continuent d'apprendre et de s'améliorer, les humains devront communiquer et collaborer efficacement avec les systèmes d'IA. Développer des compétences non techniques améliore notre capacité à travailler en harmonie avec ces technologies émergentes.
- **Résolution de problèmes et créativité** : Alors que l'IA peut analyser de grandes quantités de données, sa capacité à sortir des sentiers battus ou à aborder des problèmes non structurés avec des solutions créatives reste limitée. Favoriser la créativité et les capacités de résolution de problèmes renforce notre valeur en tant qu'employés particulièrement perspicaces.

- **Leadership à l'ère de l'automatisation** : Les machines sont peut-être capables de traiter l'information, mais leur capacité de prise de décision et de leadership reste limitée. Développer des qualités de leadership telles que l'empathie, la vision et l'esprit d'équipe est essentiel pour maintenir des rôles intégraux au sein des organisations.
- **Amélioration de la communication et de la collaboration** : La capacité à communiquer efficacement et à travailler avec des collègues est une compétence humaine indispensable. Développer de solides capacités de communication et de travail d'équipe facilite la coopération et assure l'efficacité organisationnelle, tout en rendant beaucoup plus difficile pour l'IA de remplacer un poste.

4.1.2 Compétences relationnelles clés à développer

Maintenant que nous comprenons l'importance des compétences non techniques à l'ère de l'IA, identifions et explorons certaines des compétences non techniques clés que vous devez développer ou améliorer pour conserver votre avantage concurrentiel.

1. **Adaptabilité** : Alors que la technologie évolue rapidement et que les lieux de travail deviennent de plus en plus dynamiques, l'adaptabilité reste un attribut précieux. Être ouvert au changement et l'adopter de manière proactive renforce la résilience professionnelle et permet aux individus de prospérer dans des environnements en évolution rapide.
2. **Intelligence émotionnelle** : La capacité à reconnaître, comprendre et gérer les émotions est primordiale pour naviguer dans les relations interpersonnelles. Le développement de l'intelligence

émotionnelle favorise le travail d'équipe, améliore le leadership et permet aux individus de gérer efficacement les situations difficiles.

3. **Pensée critique** : comme l'IA aide à traiter les données et à générer des informations, les employés humains sont chargés de comprendre ces informations et d'appliquer un raisonnement solide pour former des jugements. Cultiver la pensée critique aide les individus à analyser les situations, à remettre en question les hypothèses et à concevoir des solutions innovantes.

4. **Communication efficace** : Articuler des idées de manière claire et concise tout en écoutant efficacement les autres est crucial dans les relations interpersonnelles et professionnelles. Développer de solides compétences en communication facilite la coopération et minimise les malentendus.

5. **Résolution des conflits** : Les conflits humains sont inévitables, mais une résolution efficace fait preuve d'intelligence émotionnelle et favorise un environnement de travail compréhensif et favorable. En perfectionnant des compétences telles que l'empathie, l'écoute active et la médiation, les individus peuvent gérer les conflits avec tact et diplomatie.

6. **Collaboration** : L'omniprésence croissante du travail à distance et des équipes interfonctionnelles nécessite de fortes capacités de collaboration pour des projets réussis. Développer des compétences de travail d'équipe renforce votre capacité à collaborer efficacement avec des collègues et même des systèmes d'IA.

7. **Créativité** : La capacité de pensée artistique et ouverte distingue les humains de leurs homologues automatisés. Favoriser la créativité permet aux

individus d'affronter les problèmes avec de nouvelles perspectives et de générer des solutions innovantes.

8. **Intelligence culturelle** : Dans un monde globalisé, comprendre et respecter la diversité culturelle est vital, d'autant plus que les nuances culturelles restent difficiles ou impossibles à saisir pour l'IA. L'adoption de l'intelligence culturelle favorise l'inclusivité et la cohésion au sein d'équipes internationales et multidisciplinaires.

En développant ces compétences non techniques, les individus s'équipent pour prospérer aux côtés de l'IA et de l'automatisation, garantissant la résilience de leur carrière et les distinguant des machines. Alors que l'ère de l'IA se déroule, donnez-vous pour mission de développer et d'améliorer vos compétences non techniques, pour finalement devenir un professionnel complet et indispensable.

[^1^] : Forum économique mondial. (2018). Rapport sur l'avenir de l'emploi 2018. Extrait de https://www.weforum.org/reports/the-future-of-jobs-report-2018

[^2^] : LinkedIn. (2019). Tendances mondiales des talents 2019. Extrait de https://business.linkedin.com/talent-solutions/recruiting-tips/global-talent-trends-2019

5. S'adapter aux outils d'IA : apprendre de nouvelles technologies pour une utilisation quotidienne

Adopter l'IA dans la pratique quotidienne

Dans un paysage technologique en évolution rapide, des outils et des technologies d'IA sont développés et mis en œuvre dans de nombreuses industries différentes. L'intégration des technologies d'IA dans le lieu de travail peut améliorer considérablement l'efficacité, la productivité et les processus de prise de décision. Comme pour toute nouvelle technologie, il y aura une courbe d'apprentissage, et il est impératif que les professionnels restent en avance ou au moins en phase avec ces avancées pour conserver un avantage concurrentiel sur le marché du travail ou même dans leurs rôles actuels. Cette sous-section fournit des suggestions pratiques et des directives pour apprendre et s'adapter aux outils d'IA dans les routines de travail quotidiennes.

Comprendre les bases de l'IA

Avant de commencer à apprendre de nouveaux outils d'IA, il est essentiel de vous renseigner sur les principes fondamentaux de l'IA, de l'apprentissage automatique et de l'automatisation. Plusieurs ressources en ligne fournissent des explications, des cours et des conférences accessibles sur ces sujets. Plus vous en saurez sur les principes et mécanismes sous-jacents de l'IA, plus il vous sera facile de comprendre comment les outils d'IA peuvent être utilisés efficacement dans votre environnement de travail.

Restez informé des développements de l'IA dans votre secteur

Chaque industrie a son ensemble unique d'applications et d'outils d'IA qui évoluent régulièrement. Tenez-vous informé de ces développements grâce à des articles spécifiques à l'industrie, des documents de recherche, des livres blancs, des podcasts et des newsletters. S'abonner aux newsletters ou aux comptes de médias sociaux d'éminents développeurs et chercheurs en IA dans votre domaine est un excellent moyen de rester au courant.

Soyez proactif dans l'apprentissage de nouveaux outils

La recherche active d'opportunités d'apprendre et de pratiquer l'utilisation d'outils d'IA peut vous donner un avantage substantiel dans votre carrière. De nombreuses plates-formes logicielles, frameworks et outils d'IA offrent un accès gratuit ou limité aux utilisateurs pour un usage personnel et académique. Profitez de ces ressources pour vous entraîner à utiliser les technologies d'IA et vous familiariser avec leur interface et leurs fonctionnalités.

Développer la maîtrise des compétences connexes

L'émergence de nouveaux outils d'IA va souvent de pair avec le besoin de compétences supplémentaires telles que les langages de programmation ou l'analyse statistique. La maîtrise de compétences telles que Python, R, SQL ou l'utilisation d'outils de visualisation de données tels que Tableau peut optimiser considérablement vos interactions avec les outils d'IA et les résultats que vous pouvez obtenir.

Collaborez et apprenez des autres

Engagez-vous avec vos collègues ou des communautés en ligne pour partager des expériences et des idées sur les outils et applications d'IA au sein de votre secteur. Cette approche d'apprentissage collaboratif peut faciliter le transfert de connaissances entre pairs et vous fournir des informations précieuses sur la façon dont les autres implémentent la technologie de l'IA dans leurs routines de travail.

Rechercher des opportunités de formation internes et externes

Plusieurs organisations ont commencé à investir dans des programmes de formation conçus pour perfectionner les employés dans les technologies de l'IA. Dans la mesure du possible, profitez des occasions de participer à des ateliers, des séminaires et des cours offerts par votre employeur, des associations industrielles ou des établissements universitaires.

Mettre l'accent sur la valeur de l'adoption de l'IA

L'un des principaux défis de l'apprentissage de nouveaux outils d'IA réside dans la réticence à changer les méthodes de travail traditionnelles. Pour surmonter cet obstacle, il est essentiel de souligner les avantages que l'IA peut apporter à vos processus de travail et à l'entreprise dans son ensemble. Fournissez des exemples concrets de la manière dont les outils d'IA peuvent vous aider à gagner du temps, à réduire les erreurs ou à affiner les processus de prise de décision.

Favoriser un état d'esprit de croissance

L'ère de l'IA nécessite un changement d'attitude vers l'acceptation du changement, l'apprentissage continu et l'adaptation pour tous les professionnels. Développez un état d'esprit de croissance qui vous permet d'aborder les défis comme des opportunités de croissance, plutôt que de vous concentrer sur le potentiel d'échec.

En suivant ces directives, vous pouvez être bien préparé à adopter et à vous adapter aux technologies de l'IA, en gardant vos compétences et vos connaissances pertinentes à l'ère de l'IA en constante évolution. Adoptez les progrès continus de l'IA et faites-en un élément essentiel des routines de travail quotidiennes pour améliorer l'efficacité, la productivité et le développement de carrière global.

5.1 Adopter la vague de l'IA : l'importance de l'apprentissage continu

À l'ère actuelle des avancées technologiques rapides, l'ère de l'IA exige que nous devenions des apprenants tout au long de la vie. Le développement continu des compétences et l'adaptation aux nouvelles technologies sont des aspects essentiels pour rester pertinent et compétitif sur le lieu de travail. Dans cette section, nous discuterons de la manière dont vous pouvez vous adapter aux outils d'IA et apprendre de nouvelles technologies pour une utilisation quotidienne dans votre vie personnelle et professionnelle.

5.1.1 Identifier les outils et technologies basés sur l'IA dans votre domaine

La première étape de l'adaptation aux outils d'IA consiste à identifier les outils et les technologies qui prévalent dans votre domaine. Restez au courant des dernières tendances et avancées en :

1. **Suivre les actualités et les forums de l'industrie** : Abonnez-vous aux newsletters, blogs et groupes de médias sociaux liés à votre industrie pour obtenir les dernières informations sur les outils et technologies basés sur l'IA mis en œuvre dans votre domaine.
2. **Assister à des conférences et des webinaires** : Participez à des conférences, des ateliers et des webinaires qui traitent de l'intégration des outils d'IA dans votre domaine d'expertise. Ces événements fourniront non seulement des connaissances précieuses, mais vous donneront également l'occasion de réseauter avec des professionnels et des leaders d'opinion dans votre domaine.
3. **S'engager avec des pairs et des collègues** : Discutez des dernières tendances et des derniers développements avec vos collègues et vos pairs, car ils utilisent peut-être déjà des outils basés sur l'IA que vous ignorez. Construisez un réseau professionnel solide qui s'étend au-delà de votre équipe immédiate pour vous aider à rester au courant des derniers outils d'IA de votre secteur.

5.1.2 Acquérir de nouvelles compétences et connaissances pour utiliser les outils d'IA

Une fois que vous avez identifié les outils et technologies basés sur l'IA pertinents pour votre domaine, il est crucial d'acquérir les compétences et les connaissances nécessaires pour les utiliser efficacement. Pour faire ça:

1. **Investissez du temps dans l'apprentissage** : consacrez du temps à apprendre et à maîtriser les outils d'IA couramment utilisés dans votre domaine. Utilisez des didacticiels, des cours et des ressources en ligne qui peuvent vous aider à mieux comprendre ces outils.
2. **Demandez l'aide de votre organisation** : demandez à votre employeur de vous aider à apprendre de nouveaux outils basés sur l'IA, car ils bénéficient d'employés capables d'utiliser efficacement ces technologies. De nombreuses organisations sont prêtes à investir dans des programmes de formation et de développement des employés liés à l'amélioration des compétences en IA.
3. **Rejoignez des groupes d'intérêt et des communautés** : faites partie de communautés en ligne ou de groupes d'intérêt qui se concentrent sur les outils et les technologies d'IA pertinents pour votre secteur. Ces groupes partagent souvent des ressources, des expériences et des meilleures pratiques qui peuvent vous aider à acquérir des connaissances pratiques et à améliorer vos compétences.

5.1.3 Adopter un état d'esprit agile pour l'utilisation quotidienne des outils d'IA

L'adoption d'outils basés sur l'IA nécessite un changement d'état d'esprit par rapport à la pensée conventionnelle. Adopter un état d'esprit agile vous aidera à vous adapter aux changements et mises à jour fréquents que subissent les outils d'IA. Pour atteindre cet état d'esprit :

1. **Soyez ouvert au changement** : à mesure que de nouvelles technologies d'IA émergent et que celles existantes s'améliorent, vous devez rester flexible et ouvert au changement. Adoptez la nature évolutive des outils d'IA et n'hésitez pas à expérimenter de nouvelles fonctionnalités.
2. **Évaluez et ajustez constamment** : avec les nouveaux développements et mises à jour de l'IA, évaluez régulièrement les outils que vous utilisez et ajustez vos compétences en conséquence. Sollicitez les commentaires de vos collègues, pairs et utilisateurs pour identifier les domaines à améliorer et y remédier rapidement.
3. **Restez curieux et expérimentez** : les outils et technologies d'IA progressent à un rythme sans précédent, créant un besoin continu d'apprentissage et d'expérimentation. Adoptez un état d'esprit curieux et appréciez le processus d'apprentissage tout en gardant un œil sur l'application pratique des outils pilotés par l'IA dans vos tâches quotidiennes.

5.1.4 Préparer l'avenir : garder une longueur d'avance à l'ère de l'IA

Garder une longueur d'avance à l'ère de l'IA implique de développer un état d'esprit analytique et stratégique aiguisé qui se concentre sur le succès à long terme. Pour préparer l'avenir :

1. **Pensez à long terme** : restez informé des tendances, outils et technologies émergents dans votre domaine pour anticiper les demandes et les perturbations futures. Considérez comment l'introduction de

nouveaux outils d'IA peut avoir un impact sur votre rôle et vos responsabilités, et développez de manière proactive les compétences nécessaires pour rester à jour.

2. **Développer des compétences transférables et complémentaires** : Pour assurer votre pertinence sur le marché axé sur l'IA, concentrez-vous sur l'acquisition de compétences transférables et complémentaires en plus de votre expertise de base, comme le codage, l'analyse de données, la communication et la collaboration.

3. **Développer un esprit d'entreprise** : Restez innovant et proactif dans la recherche de nouvelles façons d'utiliser les outils basés sur l'IA pour améliorer la productivité, optimiser les flux de travail et résoudre les problèmes. Cultivez un esprit d'entreprise qui englobe la croissance, la résilience et l'adaptabilité.

En adoptant l'apprentissage continu, en acquérant de nouvelles compétences et en adoptant un état d'esprit agile, vous pouvez vous adapter avec succès aux outils et technologies de l'IA. Cela vous permettra de rester pertinent, d'améliorer votre productivité et, en fin de compte, de contribuer au succès de votre organisation à l'ère de l'IA.

S'adapter aux outils d'IA : apprendre de nouvelles technologies pour une utilisation quotidienne

Dans un paysage numérique en évolution rapide, l'intégration des outils d'intelligence artificielle (IA) dans notre vie quotidienne est devenue essentielle pour répondre aux demandes de diverses industries. Pour se préparer à l'ère de l'IA, il est crucial de comprendre et d'apprendre à utiliser efficacement ces technologies, afin non seulement de conserver son emploi ou d'en trouver un nouveau, mais aussi de prospérer dans cette nouvelle ère. Dans cette sous-section, nous approfondirons le processus d'apprentissage et d'adaptation aux outils d'IA et fournirons des conseils pratiques pour enrichir vos compétences.

Comprendre les bases de l'IA

Avant de plonger dans les outils d'IA, il est important d'avoir une compréhension de base de l'IA et de ses technologies sous-jacentes, telles que l'apprentissage automatique (ML) et le traitement du langage naturel (NLP). Commencez par lire des articles, assister à des conférences ou à des ateliers et suivre des cours en ligne qui fournissent des connaissances d'introduction sur l'IA. Certains des concepts clés avec lesquels vous devriez vous familiariser incluent :

- Les réseaux de neurones
- L'apprentissage en profondeur
- Apprentissage supervisé et non supervisé
- Apprentissage par renforcement
- Éthique et biais de l'IA

Avoir une base solide dans ces concepts vous aidera à mieux comprendre le fonctionnement des outils d'IA et à prendre de meilleures décisions sur l'application des outils appropriés à votre travail.

Identifiez les outils d'IA pertinents pour votre domaine

Dans chaque secteur, il existe divers outils d'IA qui répondent à des besoins spécifiques et rationalisent les processus. Créez une liste d'outils d'IA pertinents pour votre domaine et analysez leurs caractéristiques, avantages et inconvénients potentiels. Les applications d'IA courantes incluent :

- Systèmes de recommandations (par exemple, pour la vente au détail, le divertissement ou l'hôtellerie)
- Analyse prédictive (par exemple, pour la finance, le marketing ou la santé)
- Chatbots (par exemple, pour le service client, les ventes ou les RH)
- Reconnaissance d'images et de la parole (par exemple, pour la sécurité ou le diagnostic médical)
- Robotic Process Automation (RPA) (par exemple, pour les tâches administratives, la saisie de données ou l'automatisation des processus de routine)

Il est avantageux de demander l'avis d'experts de l'industrie et de pairs pour découvrir quels outils d'IA sont les plus pertinents pour votre domaine et comment ils peuvent être intégrés efficacement dans vos flux de travail.

Apprendre à travers des ressources en ligne

Profitez de la richesse des ressources en ligne disponibles pour apprendre et développer davantage votre compréhension et vos compétences dans les outils d'IA. De nombreux fournisseurs proposent divers cours, programmes et contenus qui répondent à différents niveaux d'expérience et préférences d'apprentissage. Certaines plates-formes et ressources bien connues incluent :

- Coursera
- EdX
- Udace
- Académie Khan
- Série de tutoriels YouTube

- blogs et podcasts

Ces ressources couvrent souvent un large éventail de sujets, des langages de programmation aux outils d'IA spécifiques et aux meilleures pratiques de leurs applications. L'apprentissage en ligne vous permet d'évoluer à votre propre rythme et donne souvent accès à des ressources pour différents niveaux de compétence.

Participer aux communautés d'IA

Rejoignez les communautés d'IA, en ligne et hors ligne, pour apprendre des autres sur le terrain et rester informé des dernières nouvelles et développements. La mise en réseau avec des professionnels partageant les mêmes idées peut offrir des opportunités de collaborer sur des projets ou d'acquérir des connaissances sur de nouvelles techniques et de nouveaux outils. Certaines communautés d'IA populaires incluent :

- Subreddits liés à l'IA (par exemple, /r/artificiel, /r/machinelearning)
- Groupes LinkedIn
- Rencontres et ateliers locaux
- Conférences et événements de l'industrie
- Canaux Slack, forums et forums de discussion en ligne

Être un membre actif d'une communauté d'IA permet d'améliorer l'apprentissage continu, la résolution de problèmes et de rester en contact avec des experts et d'autres apprenants.

Pratiquer, expérimenter et itérer

Le véritable apprentissage se produit lorsque vous appliquez vos connaissances nouvellement acquises et commencez à utiliser les outils d'IA dans votre travail quotidien. Cela peut inclure la mise en œuvre d'un nouvel outil d'automatisation des processus, la conception d'un chatbot ou l'utilisation d'un système de recommandation dans vos services. Comme pour tout changement technologique important, l'adaptation aux outils d'IA nécessite du temps, de l'expérimentation et une volonté d'apprendre des erreurs.

Un moyen pratique de développer vos compétences en IA consiste à travailler sur des projets autonomes ou à collaborer avec d'autres sur des projets d'équipe. Ceux-ci peuvent être des moyens amusants et enrichissants de perfectionner vos compétences et d'approfondir votre compréhension des outils d'IA pertinents.

Restez à jour sur les développements de l'IA

Alors que la technologie de l'IA continue d'évoluer rapidement, il est essentiel de se tenir au courant des derniers développements et avancées. Prenez l'habitude de :

- Lisez des articles et des documents de recherche issus de publications et de sites Web axés sur l'IA.
- Abonnez-vous aux newsletters et aux podcasts des leaders d'opinion et des organisations de l'IA.
- Assistez à des conférences, des webinaires et des ateliers qui discutent des nouvelles tendances ou avancées.

Rester informé des innovations de pointe en matière d'IA vous aidera non seulement à mieux vous adapter aux nouveaux outils, mais vous positionnera également comme un expert compétent dans votre domaine.

En conclusion, une adaptation réussie aux outils d'IA dans votre travail quotidien nécessite une combinaison de connaissances fondamentales, d'apprentissage et de pratique de nouvelles compétences, de réseautage avec d'autres professionnels et de maîtrise du paysage de l'IA en constante évolution. En prenant le temps d'investir dans vos compétences en IA, vous vous positionnerez non seulement pour conserver votre emploi actuel ou en trouver un nouveau, mais vous travaillerez également à devenir un atout indispensable à l'ère de l'IA.

5.3 Intégrer l'IA dans votre flux de travail : maîtriser les nouvelles technologies pour un impact optimal

L'intelligence artificielle (IA) révolutionne notre façon de travailler, quel que soit notre secteur d'activité. Exploiter la puissance de l'IA peut être intimidant au début, surtout si vous n'êtes pas familier avec les technologies ou ne savez pas par où commencer. Intégrer efficacement l'IA dans votre flux de travail quotidien impliquera d'apprendre et de maîtriser de nouvelles technologies pour avoir un impact sur votre travail, tout en comprenant comment les adapter à vos besoins spécifiques. Dans cette sous-section, nous vous fournirons une feuille de route pour maîtriser ces technologies, notamment :

1. Identifier les outils d'IA adaptés à vos besoins.
2. Acquérir les compétences nécessaires pour utiliser ces outils.
3. Mettre en œuvre ces compétences dans votre travail quotidien.

5.3.1 Identifier les outils d'IA qui répondent à vos besoins

L'une des premières étapes de l'intégration d'outils d'IA dans votre travail consiste à comprendre quelles tâches peuvent être automatisées ou améliorées avec l'IA, et à déterminer quels outils sont les mieux adaptés à votre flux de travail. Voici quelques étapes à suivre pour identifier les outils d'IA dont vous aurez besoin :

- *Évaluez vos processus de travail* : évaluez les tâches que vous effectuez actuellement et identifiez les domaines dans lesquels l'IA peut rationaliser ou augmenter votre travail. Y a-t-il une certaine tâche qui prend beaucoup de temps, ou y a-t-il des décisions complexes qui bénéficieraient d'informations basées sur les données ? Ce sont des candidats de choix pour l'intégration de l'IA.
- *Recherchez les solutions d'IA disponibles* : avec une liste de tâches qui pourraient bénéficier de l'IA, commencez à rechercher les outils disponibles capables de répondre à ces besoins. Recherchez des outils spécialement conçus pour votre industrie ou des rôles similaires, et lisez des critiques ou regardez des démos pour avoir une idée de leur fonctionnalité.
- *Évaluez le coût et l'évolutivité* : gardez à l'esprit que les prix des outils d'IA peuvent varier considérablement, alors assurez-vous de trouver un produit qui correspond à votre budget tout en offrant une évolutivité au cas où vos besoins augmenteraient avec le temps. Évaluez également si l'outil offre un essai gratuit ou une période d'évaluation, vous permettant de tester sa fonctionnalité et sa compatibilité avec votre travail.
- *Collaborez avec vos collègues et la direction* : avant d'intégrer les outils d'IA, partagez vos découvertes

avec les parties prenantes, les collègues et la direction. Leurs contributions peuvent fournir des informations précieuses sur la faisabilité, la viabilité et la pertinence des solutions que vous envisagez.

5.3.2 Acquérir les compétences nécessaires pour utiliser les outils d'IA

Après avoir identifié les outils que vous souhaitez mettre en œuvre, l'étape suivante consiste à acquérir les compétences nécessaires pour les utiliser avec compétence. Pour rendre ce processus plus fluide, voici quelques stratégies pour maîtriser les outils d'IA :

- *Lire la documentation et les didacticiels* : Commencez par lire la documentation des outils, les manuels d'utilisation et les didacticiels en ligne, qui devraient fournir des guides étape par étape sur les fonctionnalités et les caractéristiques du logiciel. Il existe également de nombreux forums en ligne, forums de discussion et didacticiels qui traitent de problèmes courants ou de cas d'utilisation polyvalents pour de nombreux outils basés sur l'IA.
- *Assistez à des formations et à des webinaires* : de nombreux fournisseurs d'outils d'IA proposent des sessions de formation ou des webinaires pour familiariser leurs utilisateurs avec le logiciel. Assistez à autant de ces sessions que possible pour comprendre la gamme complète des fonctionnalités des outils et pour obtenir des informations qui pourraient ne pas être couvertes dans la documentation.
- *Investissez dans des cours et des ateliers en ligne* : Développez vos connaissances en vous inscrivant à des cours et des ateliers en ligne qui couvrent les compétences et les outils d'IA pertinents pour votre

travail. Ces cours peuvent être trouvés sur des plateformes d'apprentissage comme Coursera, Udacity et LinkedIn Learning, entre autres.

- *Tirez parti de votre réseau* : connectez-vous avec des personnes qui ont de l'expérience dans l'utilisation des outils d'IA que vous avez choisis. Ils peuvent fournir des informations, des conseils et des conseils inestimables sur les meilleures pratiques ou même sur les pièges à éviter.

5.3.3 Mise en œuvre des compétences en IA dans votre travail quotidien

Après avoir acquis le savoir-faire nécessaire, la prochaine étape consiste à intégrer efficacement les outils d'IA dans votre travail quotidien :

- *Commencez petit* : commencez par mettre en œuvre des outils d'IA dans des tâches plus petites et discrètes où vous pouvez facilement surveiller et contrôler les résultats. Cela vous aidera à devenir plus à l'aise et à avoir confiance en la technologie avant d'étendre son utilisation à des domaines plus complexes ou à enjeux élevés.
- *Évaluer et optimiser en permanence* : Lorsque vous implémentez des outils d'IA dans votre travail, il est essentiel d'évaluer en permanence leur impact sur vos performances, votre efficacité et vos résultats. Identifiez les domaines où l'intégration de l'IA est réussie et réfléchissez de manière critique aux domaines où elle échoue. Appliquez ces commentaires pour optimiser votre utilisation de l'IA afin d'obtenir de meilleurs résultats.
- *Adoptez et recherchez le changement* : restez informé et ouvert à l'adoption de nouveaux outils et technologies d'IA à mesure qu'ils évoluent. Travaillez

pour rester au courant des derniers développements en participant à des forums de l'industrie ou en vous abonnant à des publications pertinentes, qui vous fourniront des informations et des connaissances cruciales sur les tendances et les avancées émergentes.

- *Partagez vos connaissances et vos découvertes* : Au fur et à mesure que vous maîtrisez l'utilisation des outils d'IA, partagez vos connaissances avec vos collègues et créez une culture de collaboration et d'apprentissage continu. Ce faisant, vous contribuerez à un environnement de travail plus fluide et plus efficace qui profite à tous.

En conclusion, à mesure que l'intégration de l'IA devient de plus en plus courante et essentielle aux opérations sur le lieu de travail, l'acquisition et la maîtrise des outils et des compétences en IA seront essentielles pour maintenir votre sécurité d'emploi et rester compétitif sur le marché du travail. En identifiant les outils appropriés pour votre flux de travail, en apprenant à les utiliser efficacement et en les appliquant à vos tâches quotidiennes, vous serez bien placé pour prospérer et vous adapter à l'évolution du paysage technologique.

5.1 Accepter le changement et améliorer continuellement les compétences

À l'ère de l'IA, il est crucial d'apprendre et de se perfectionner en permanence pour rester pertinent sur le marché du travail. L'adaptation aux outils d'IA pour une utilisation quotidienne est un élément essentiel de ce processus, car les entreprises adoptent de nouvelles technologies pour automatiser les tâches et rationaliser les opérations.

5.1.1 Évaluer vos compétences actuelles et identifier les lacunes

La première étape de l'adaptation aux outils d'IA consiste à évaluer vos compétences actuelles et à identifier les éventuelles lacunes. Cela inclut l'évaluation de vos compétences dans l'utilisation de logiciels, de langages de programmation et d'autres outils pertinents que les entreprises mettent de plus en plus en œuvre. Pour ce faire, vous pouvez :

- Recherchez quelles technologies et quels outils sont en demande dans votre industrie ou secteur
- Répondez à des questionnaires, des tests ou des évaluations en ligne liés à votre domaine
- Consultez vos gestionnaires, collègues ou mentors pour obtenir des commentaires sur vos compétences
- Parcourez les offres d'emploi pour des postes similaires au vôtre et identifiez les compétences requises fréquemment mentionnées

Une fois que vous avez identifié les lacunes dans votre ensemble de compétences, créez un plan d'action pour aborder et combler chaque lacune. Cela peut impliquer de s'inscrire à des cours en ligne ou de participer à des ateliers, de rechercher un mentorat ou des conseils dans des domaines spécifiques, ou de consacrer du temps à l'auto-apprentissage et à l'expérimentation.

5.1.2 Adopter une mentalité de croissance

Avoir un état d'esprit de croissance est un élément essentiel pour s'adapter aux outils et technologies de l'IA. Au lieu de considérer vos capacités comme fixes, adoptez la conviction que vous pouvez continuellement grandir et développer de nouvelles compétences en réponse à l'évolution des circonstances. Cette attitude vous aidera à aborder les nouvelles opportunités d'apprentissage avec enthousiasme, plutôt qu'avec crainte ou résistance.

Voici quelques façons de cultiver un état d'esprit de croissance :

- Reconnaître vos compétences et capacités existantes, tout en reconnaissant le potentiel d'amélioration
- Relever les défis et les voir comme des opportunités de croissance, plutôt que comme des menaces à votre compétence
- Être ouvert aux commentaires et aux critiques, et les utiliser de manière constructive pour guider votre processus d'apprentissage
- Rechercher des modèles ou des mentors qui incarnent un état d'esprit de croissance et peuvent offrir des conseils et un soutien

5.1.3 Maîtriser le codage et l'analyse des données

Le codage et l'analyse des données sont deux compétences clés qui peuvent vous aider à vous adapter aux outils d'IA, car ils sont à la base de nombreuses applications et solutions logicielles. Même si vous ne travaillez pas dans un domaine technique, avoir une compréhension des langages de codage et des techniques d'analyse de données de base peut être bénéfique.

Pour acquérir des compétences en codage et en analyse de données :

- Choisissez un ou deux langages de programmation à apprendre, comme Python, R ou JavaScript. Concentrez-vous sur la maîtrise du langage, ainsi que sur les frameworks et les bibliothèques les plus pertinents pour votre domaine.
- Inscrivez-vous à des cours en ligne, assistez à des ateliers ou suivez des didacticiels à votre rythme pour apprendre les concepts et la syntaxe de base du codage.
- Pratiquez vos compétences en codage en travaillant sur de petits projets, tels que l'automatisation de tâches simples, la création d'applications Web ou l'analyse d'ensembles de données.
- Découvrez les outils de visualisation de données, tels que Tableau, Power BI ou Google Data Studio, qui peuvent vous aider à analyser, interpréter et communiquer efficacement les informations sur les données.

5.1.4 Développer la littératie en IA

En plus des compétences techniques, développez votre compréhension de l'IA et de ses applications dans votre industrie ou domaine. Cela vous aidera à mieux comprendre les outils que vous utiliserez dans votre travail quotidien et à prendre des décisions éclairées sur les technologies à adopter.

Pour développer la littératie en IA :

- Familiarisez-vous avec les bases de l'apprentissage automatique, telles que l'apprentissage supervisé et non supervisé, la classification et la régression, et les techniques de clustering.

- Découvrez les applications et les outils d'IA dans votre secteur, tels que l'automatisation des processus robotisés, les chatbots ou le traitement du langage naturel.
- Lisez des articles, assistez à des webinaires ou écoutez des podcasts sur des sujets liés à l'IA pour rester au courant des dernières innovations et tendances.
- Réseautez avec d'autres professionnels de votre secteur qui s'intéressent également à l'IA, pour échanger des idées et apprendre des expériences des uns et des autres.

5.1.5 Apprentissage continu et adaptation

Enfin, rappelez-vous que l'apprentissage et l'adaptation sont des processus continus. Alors que la technologie de l'IA continue d'évoluer, il est essentiel de rester informé et agile, prêt à s'adapter à l'émergence de nouveaux outils et applications.

Les moyens de favoriser l'apprentissage et l'adaptation continus comprennent :

- Fixer des objectifs réguliers pour apprendre de nouvelles compétences ou technologies liées à l'IA
- S'engager à consacrer du temps chaque semaine à des cours d'auto-apprentissage ou en ligne
- Assister à des conférences, des ateliers ou des webinaires de l'industrie pour se tenir au courant des nouveaux développements
- S'engager dans des communautés en ligne, des forums ou des groupes de discussion liés à l'IA et à

votre domaine, pour partager des expériences et apprendre des autres

En acceptant le changement et en améliorant continuellement vos compétences, vous serez bien préparé pour naviguer dans le paysage en constante évolution des outils et des technologies d'IA. Cela vous aidera non seulement à sécuriser votre emploi actuel, mais également à ouvrir de nouvelles opportunités de croissance de carrière et d'avancement à l'ère de l'IA.

6. Le marché du travail de l'IA : Carrières en forte demande et comment obtenir les meilleurs postes

6.1 Comprendre le marché du travail de l'IA à forte demande

L'évolution rapide de l'intelligence artificielle (IA) et de l'automatisation a entraîné une transformation du marché du travail. Ceci, à son tour, a créé de nouvelles opportunités et de nouveaux rôles qui n'existaient pas il y a quelques années à peine. Certaines professions existantes sont améliorées par l'IA, tandis que de nouveaux rôles émergent pour aider les organisations à s'adapter à l'ère de l'IA.

Pour rester compétitif dans ce domaine en évolution rapide et obtenir les meilleurs postes, il est essentiel d'être au courant des emplois à forte demande en IA et de leurs exigences spécifiques.

6.1.1 Principales carrières en IA très demandées

Ici, nous examinons certaines des meilleures carrières sur le marché du travail de l'IA qui sont en forte demande :

1. Scientifique des données

Le rôle d'un scientifique des données comprend l'extraction de connaissances et d'informations à partir de données structurées et non structurées. Ils utilisent diverses techniques, telles que l'analyse statistique, l'apprentissage automatique et la modélisation prédictive, pour analyser et interpréter des ensembles de données complexes.

Pour devenir un scientifique des données, vous aurez besoin d'une base solide en mathématiques, en statistiques et en programmation. Une formation en informatique, en ingénierie des données ou dans un domaine pertinent est également avantageuse.

2. Ingénieur en apprentissage automatique

Les ingénieurs en apprentissage automatique développent des algorithmes et des modèles qui permettent aux machines d'apprendre et de prendre des décisions basées sur les données. Ils travaillent sur l'automatisation des systèmes, optimisent les algorithmes de données et mettent en œuvre des outils d'IA pour résoudre des problèmes complexes.

Pour ce rôle, vous aurez besoin de connaissances dans les langages de programmation tels que Python, R et Java. Une base solide dans les bibliothèques et les frameworks d'apprentissage automatique, tels que TensorFlow et PyTorch, est également essentielle. Vous devez également avoir une compréhension de la modélisation et de l'évaluation des données.

3. Chercheur scientifique en IA

Les chercheurs en IA travaillent au développement d'algorithmes et de techniques innovants pour faire progresser le domaine de l'IA. Ils collaborent souvent avec d'autres chercheurs pour contribuer à la compréhension théorique et à l'application pratique de l'IA.

Un doctorat. en informatique, en robotique ou dans un domaine connexe est souvent requis pour ce rôle. Une solide expérience en apprentissage automatique, en apprentissage en profondeur et en langages de programmation comme Python est très bénéfique.

4. Développeur de logiciels d'IA

Les développeurs de logiciels d'IA conçoivent, développent et maintiennent des applications, des outils et des systèmes basés sur l'IA. Ils travaillent en étroite collaboration avec des scientifiques des données et des ingénieurs en apprentissage automatique pour mettre en œuvre des algorithmes et des modèles d'IA.

Pour exceller dans ce rôle, vous devrez maîtriser le développement de logiciels et les langages de programmation (tels que Python, Java et C++). Une connaissance des bibliothèques de machine learning (TensorFlow, PyTorch) et des plateformes cloud (AWS, Azure, Google Cloud) est un plus.

5. Consultant en IA

Les consultants en IA aident les organisations à mettre en œuvre et à optimiser des solutions d'IA pour maximiser les résultats commerciaux. Ils évaluent les besoins de l'organisation, identifient les applications potentielles de l'IA et fournissent des conseils sur la stratégie et la mise en œuvre de l'IA.

Pour ce rôle, une solide compréhension des technologies d'IA, des processus métier et des compétences en gestion de projet sont essentielles. Les compétences en communication et la capacité à s'adapter à différentes industries sont également très précieuses.

6.1.2 Sécuriser les meilleures positions d'IA

Avec une compréhension claire des carrières en IA les plus demandées, voici les stratégies pour obtenir les meilleurs postes :

1. Apprentissage continu

Le domaine de l'IA est en constante évolution, ce qui rend l'apprentissage tout au long de la vie crucial pour rester en tête sur le marché du travail. Restez à jour avec les dernières technologies, algorithmes et tendances de l'IA en participant à des cours en ligne, en assistant à des conférences de l'industrie et en lisant des articles de recherche sur l'IA et l'apprentissage automatique.

2. Réseautage

Connectez-vous avec des professionnels, des groupes de pairs et des experts de la communauté de l'IA. Rejoignez des forums liés à l'IA, des groupes LinkedIn et des rencontres locales pour élargir votre réseau. Le réseautage peut ouvrir des portes à des opportunités d'emploi et à de futures collaborations.

3. Développer un portefeuille solide

Présentez votre expertise et vos compétences en créant un portfolio qui démontre votre expérience avec des projets d'IA. Incluez des exemples de votre travail, tels que des modèles d'IA que vous avez créés, des projets sur lesquels vous avez collaboré et des liens vers vos référentiels de code (par exemple, GitHub).

4. Cultivez les compétences générales

Outre les compétences techniques, les compétences non techniques telles que la communication, le travail d'équipe et la résolution de problèmes sont essentielles sur le marché du travail de l'IA. Les professionnels de l'IA collaborent souvent avec des équipes interdisciplinaires pour développer et mettre en œuvre des solutions d'IA. Concentrez-vous sur l'affinement de ces compétences non techniques pour réussir dans n'importe quel rôle d'IA.

5. Obtenir les certifications pertinentes

Bien que les certifications ne puissent pas remplacer l'expérience pratique, elles peuvent renforcer votre crédibilité sur le marché du travail de l'IA. Explorez les certifications en science des données, en apprentissage automatique ou en outils et plates-formes liés à l'IA qui correspondent au cheminement de carrière souhaité.

En suivant ces stratégies et en perfectionnant continuellement vos compétences, vous pouvez naviguer et exceller sur le marché du travail en constante évolution de l'IA. Démarquez-vous de la concurrence et obtenez les meilleures positions à l'ère de l'IA pour contribuer à façonner l'avenir de l'IA et son impact sur la société.

6.1. Comprendre le paysage du marché du travail de l'IA

La révolution de l'intelligence artificielle (IA) remodèle notre monde et, par conséquent, le marché du travail évolue à un rythme sans précédent. Alors que les industries redéfinissent leurs stratégies pour intégrer des solutions basées sur l'IA, la demande de professionnels capables de diriger cette transition a explosé. Bien que l'IA puisse rendre certains rôles obsolètes, elle crée simultanément d'innombrables nouvelles opportunités pour ceux qui peuvent s'adapter et se perfectionner en conséquence.

Pour naviguer sur le marché du travail de l'IA, il faut comprendre les professions clés, leurs responsabilités et les exigences pour s'implanter dans ce paysage dynamique. Dans cette section, nous mettons en évidence certaines des carrières liées à l'IA les plus recherchées, discutons des compétences essentielles et fournissons des conseils pratiques sur la façon d'obtenir les meilleurs postes à l'ère de l'IA.

6.1.1. Carrières en IA très demandées

Le marché du travail de l'IA englobe une vaste gamme de rôles, avec des responsabilités et des qualifications variées. Certaines des carrières les plus recherchées en IA incluent :

1. **Les scientifiques/ingénieurs des données** sont devenus l'épine dorsale de l'adoption de l'IA dans les organisations. Ils collectent, traitent, analysent et interprètent de grandes quantités de données pour découvrir des modèles, des tendances et des corrélations cachés. Leur expertise aide les entreprises à prendre des décisions éclairées, à optimiser les processus et à stimuler la croissance. Pour devenir un scientifique ou un ingénieur des données, il faut avoir de solides compétences en programmation, en statistiques et en gestion de données, combinées à une compréhension des algorithmes d'apprentissage automatique (ML) et des cadres d'IA.
2. **Les ingénieurs en apprentissage automatique** sont responsables de la formation, du déploiement et de

l'amélioration des modèles d'apprentissage automatique. Ils écrivent des algorithmes qui permettent aux machines d'apprendre à partir des données, créant des systèmes d'IA capables de traiter de grands ensembles de données et de faire des prédictions. Les ingénieurs ML doivent maîtriser les langages de programmation tels que Python ou R et avoir une compréhension approfondie des bibliothèques ML telles que TensorFlow, Keras et PyTorch.

3. **Les chercheurs en IA/ML** se concentrent sur l'avancement du domaine en explorant de nouvelles techniques, en développant de nouveaux algorithmes et en améliorant les performances des modèles existants. Ces professionnels possèdent généralement une solide formation en informatique, en mathématiques, en statistiques ou dans un domaine connexe, et détiennent souvent des diplômes supérieurs (maîtrise ou doctorat). Un état d'esprit axé sur la recherche et la capacité de publier des articles dans des conférences à comité de lecture sont des compétences essentielles pour les chercheurs en IA/ML.

4. **Les chefs de produit IA** supervisent la conception, le développement et la mise en œuvre réussis des solutions d'IA. Ils comblent le fossé entre les équipes techniques et les autres parties prenantes en comprenant les besoins de l'entreprise et en les traduisant en exigences techniques. Une formation en affaires, en gestion de projet ou en technologie, combinée à une solide connaissance des technologies de l'IA et d'excellentes compétences en communication, est essentielle pour ce rôle.

5. **Les architectes de solutions d'IA** conçoivent et créent des plans de système d'IA, définissant la structure globale, les composants et les interactions

au sein du système. Leur expertise comprend une compréhension approfondie du cloud computing, des cadres d'IA et des systèmes distribués. Ils sont chargés de s'assurer que la solution d'IA est évolutive, sécurisée et répond aux exigences de performance.

6. **Les ingénieurs en robotique** travaillent à l'intersection de l'IA, de la vision par ordinateur et des systèmes mécaniques pour créer des robots intelligents ou des dispositifs autonomes. Ils ont besoin de compétences spécialisées en robotique, mécatronique, systèmes de contrôle, vision par ordinateur et systèmes embarqués.

7. **Les experts en éthique et politique de l'IA** explorent les implications éthiques, juridiques et sociétales des technologies de l'IA. Ils aident les entreprises à élaborer des politiques pour garantir une adoption responsable de l'IA, guider le paysage réglementaire de l'IA et résoudre les problèmes liés à la confidentialité, à la sécurité et à l'équité. Une formation en sciences sociales, en droit, en éthique ou en philosophie, combinée à une compréhension approfondie des technologies de l'IA, est très précieuse pour ce rôle.

6.1.2. Compétences essentielles pour les carrières en IA

Pour réussir sur le marché du travail de l'IA, les professionnels doivent posséder un ensemble de compétences diversifiées qui englobent des compétences techniques et générales. Certaines des compétences les plus cruciales incluent:

1. **Programmation** : La maîtrise des langages de programmation tels que Python, R, Java ou C++ est fondamentale pour la plupart des rôles d'IA.
2. **Mathématiques et statistiques** : les concepts mathématiques de base tels que l'algèbre linéaire, le calcul, les probabilités et les statistiques fournissent des bases solides pour comprendre et appliquer les algorithmes d'IA.
3. **Apprentissage automatique et apprentissage en profondeur** : une expérience pratique des frameworks, des bibliothèques et des outils ML (par exemple, TensorFlow, PyTorch, Scikit-learn), ainsi qu'une compréhension de divers algorithmes ML et architectures d'apprentissage en profondeur, sont essentielles pour la plupart des rôles d'IA .
4. **Big Data et Data Analytics** : Une connaissance des technologies Big Data (par exemple, Hadoop, Spark, bases de données), des outils de prétraitement et de visualisation des données et des techniques statistiques est précieuse pour extraire des informations à partir de grandes quantités de données.
5. **Cloud Computing** : Les plates-formes cloud comme AWS, Azure ou Google Cloud offrent des services d'IA et de ML, et la compréhension de leur architecture et des meilleures pratiques peut grandement améliorer l'efficacité des solutions d'IA.
6. **Confidentialité des données, sécurité et éthique** : comprendre les implications éthiques, juridiques et sociétales des technologies d'IA peut promouvoir une innovation responsable et garantir le respect des réglementations en vigueur.
7. **Soft Skills** : Les professionnels de l'IA doivent posséder de solides compétences en communication, en collaboration et en résolution de problèmes, ainsi que la capacité de s'adapter et d'apprendre en

continu, pour s'épanouir dans des équipes multidisciplinaires et des environnements dynamiques.

6.1.3. Sécuriser les meilleurs postes d'IA

Pour sécuriser les postes d'IA les plus compétitifs, il faut se concentrer sur les stratégies suivantes :

1. **Éducation et certification** : obtenir une éducation formelle pertinente, telle qu'un diplôme en informatique, en mathématiques, en ingénierie ou dans un domaine connexe. Suivez des certifications et des cours spécialisés en IA, ML, big data et cloud computing pour améliorer votre profil et démontrer votre expertise.
2. **Expérience pratique** : Participez à des projets, des stages ou des opportunités de travail indépendant qui offrent une expérience concrète dans l'application des technologies d'IA. Contribuez à des projets open source pour mettre en valeur vos compétences et gagner en reconnaissance.
3. **Réseautage** : assistez à des événements, des rencontres et des conférences de l'industrie pour élargir votre réseau, en savoir plus sur les opportunités d'emploi et rester informé des dernières tendances et avancées dans le domaine.
4. **Recherche et publications** : Participez à des projets de recherche et publiez des articles dans des revues à comité de lecture ou des actes de conférence pour établir votre crédibilité et mettre en valeur votre expertise.
5. **Personal Branding** : Développez une présence en ligne en écrivant des articles de blog, en participant à des forums en ligne et en maintenant un profil LinkedIn à jour. Présentez vos projets dans un

portfolio pour démontrer vos compétences et vos réalisations à des employeurs potentiels.

En comprenant le paysage du marché du travail de l'IA, en développant des compétences essentielles, en acquérant une expérience pratique et en créant une marque personnelle forte, les professionnels peuvent obtenir les meilleures positions à l'ère de l'IA et jouer un rôle central dans l'élaboration de l'avenir de la technologie.

6.2 Compétences clés et étapes pour décrocher les meilleurs emplois en IA

Alors que l'IA continue de révolutionner le marché du travail, les professionnels qui possèdent une expertise en IA sont en forte demande. Ceux qui se dotent des bonnes compétences et suivent une approche stratégique pour obtenir les meilleurs postes garderont une longueur d'avance dans cette industrie en évolution rapide et compétitive. Dans cette sous-section, nous nous penchons sur les principales compétences, les rôles professionnels et les étapes essentielles nécessaires pour décrocher les meilleurs postes en IA.

6.2.1 Principales compétences en demande

Pour suivre le marché du travail en IA, il est impératif de développer un ensemble de compétences solides en fonction des demandes de l'industrie. Voici les compétences les plus recherchées en IA :

1. *Programmation* : La maîtrise des langages de programmation tels que Python, R, Java et C++ est essentielle pour les praticiens de l'IA. Python, en particulier, est hautement préféré en raison de sa

lisibilité, de ses bibliothèques étendues et de sa flexibilité.

2. *Statistiques* : Une base solide en statistiques, y compris les probabilités, les statistiques descriptives et inférentielles, les tests d'hypothèses, l'analyse de régression et les statistiques bayésiennes, est essentielle pour comprendre et analyser les données.

3. *Algèbre linéaire et calcul* : les algorithmes d'IA impliquent souvent des concepts mathématiques issus de l'algèbre linéaire et du calcul, ce qui rend vital pour les professionnels de se familiariser avec ces sujets.

4. *Machine Learning* : les algorithmes de ML sont au cœur des systèmes d'IA. Les professionnels de l'IA doivent comprendre les bases et les techniques avancées de l'apprentissage supervisé, de l'apprentissage non supervisé, de l'apprentissage par renforcement et de l'apprentissage en profondeur.

5. *Traitement du langage naturel (NLP)* : le NLP aide les systèmes d'IA à communiquer avec les humains en utilisant des langages humains. Une bonne compréhension des méthodes, des outils et des bibliothèques de PNL peut faciliter la création de systèmes d'IA sophistiqués.

6. *Vision par ordinateur* : Les systèmes d'IA ont besoin de percevoir des images et des vidéos, grâce aux concepts de vision par ordinateur. Des connaissances en traitement d'images, en extraction de caractéristiques et en réseaux de neurones convolutifs sont très précieuses.

7. *Reconnaissance vocale* : Les professionnels travaillant sur des applications d'IA impliquant des assistants vocaux ou des systèmes de reconnaissance automatique de la parole doivent avoir une formation en traitement du signal vocal, en

modélisation acoustique et en modélisation du langage.

8. *Big Data Systems* : les praticiens de l'IA doivent apprendre à travailler avec des outils de Big Data comme Hadoop, Spark et les bases de données NoSQL pour le traitement et la gestion d'ensembles de données massifs.

9. *Cloud Computing* : La connaissance des plates-formes cloud telles qu'AWS, Azure et Google Cloud est essentielle car les solutions d'intelligence artificielle se déplacent des environnements locaux vers le cloud pour une meilleure évolutivité et de meilleures performances.

10. *Compétences non techniques* : La communication, la collaboration, la résolution de problèmes et l'adaptabilité sont des compétences non techniques qui peuvent se démarquer des autres professionnels de l'industrie.

6.2.2 Principaux rôles dans l'IA

L'écosystème de l'IA a conduit à l'émergence de nombreux postes intéressants. Certains des postes les plus réputés et les plus demandés comprennent:

1. *Analyste de données* : analyse et interprète des ensembles de données complexes pour en tirer des informations précieuses.

2. *Scientifique des données* : excelle dans l'analyse des données et utilise des techniques d'apprentissage automatique pour prédire les modèles et prendre des décisions basées sur les données.

3. *Ingénieur en apprentissage automatique* : développe, déploie et maintient des modèles d'apprentissage automatique pour améliorer les applications d'IA.

4. *Deep Learning Engineer* : Spécialisé dans l'utilisation d'algorithmes d'apprentissage profond, tels que les

réseaux de neurones, pour la formation et l'optimisation des modèles d'IA.

5. *Chercheur scientifique en IA* : se concentre sur la recherche, le développement et le prototypage d'algorithmes et d'architectures d'IA innovants.
6. *Scientifique PNL* : applique les techniques PNL pour créer des systèmes d'IA capables de comprendre et de traiter le langage humain.
7. *Ingénieur en vision par ordinateur* : conçoit des algorithmes et des modèles pour permettre aux systèmes d'IA d'interpréter et d'analyser des images et des vidéos.
8. *Architecte IA* : Crée et maintient l'infrastructure IA et assure une intégration transparente des solutions IA avec les systèmes existants.

6.2.3 Étapes pour sécuriser les meilleures positions

Avec une compréhension claire des compétences requises et des rôles professionnels passionnants, concluons en discutant des étapes stratégiques à suivre pour décrocher un emploi en IA :

1. **Évaluer les intérêts et les compétences** : Commencez par effectuer une auto-évaluation pour évaluer vos intérêts, votre expertise, vos forces et vos faiblesses. Cette analyse vous guidera pour affiner vos objectifs de carrière et développer un parcours d'apprentissage plus ciblé.
2. **Cours d'apprentissage** : Inscrivez-vous à des cours en ligne ou hors ligne qui couvrent des sujets essentiels sur l'IA. Des plates-formes réputées telles que Coursera, edX et Udacity proposent une variété de cours, de spécialisations et de programmes de nano-diplôme en IA.
3. **Tenez-vous au courant des tendances de l'industrie** : restez informé des dernières

découvertes, tendances et avancées en matière de recherche sur l'IA. Lisez des blogs axés sur l'IA, écoutez des podcasts et suivez des conférences et des ateliers sur l'IA.

4. **Participez aux communautés d'IA** : Engagez-vous avec des passionnés et des experts de l'IA en rejoignant des communautés d'IA, des forums et des groupes Slack tels que /r/MachineLearning, Towards Data Science et AI Stack Exchange.

5. **Développez des projets et construisez un portefeuille** : Présentez vos prouesses en IA en travaillant sur des projets parallèles et en partageant le code source, les démos et les résultats via des plateformes comme GitHub ou un blog personnel.

6. **Gagnez des certifications** : validez votre expertise et démarquez-vous des autres candidats en obtenant des certifications d'organisations réputées telles que Google, IBM, Microsoft et TensorFlow.

7. **Réseau** : Renforcez vos relations professionnelles en assistant à des événements et des conférences de l'industrie, en vous connectant avec des professionnels de l'IA sur LinkedIn et en participant à des rencontres locales.

8. **Pratiquez les compétences d'entretien** : préparez-vous aux entretiens en pratiquant les questions et les problèmes d'IA courants disponibles sur des plateformes telles que LeetCode, HackerRank et InterviewBit.

En acquérant les compétences recherchées et en suivant ces étapes stratégiques, vous augmenterez considérablement vos chances d'obtenir un poste sur le marché du travail florissant de l'IA, vous assurant ainsi une carrière réussie et enrichissante.

6.1 Explorer les carrières en IA à forte demande et les meilleures stratégies pour vous positionner en tant que meilleur candidat

Alors que l'IA continue d'imprégner diverses industries, le marché du travail s'adaptera inévitablement pour répondre à la demande croissante de compétences en IA. Pour pérenniser votre carrière, il est essentiel de comprendre les postes émergents dans ce domaine et d'identifier les meilleures stratégies pour renforcer votre profil en tant que candidat de premier plan. Dans cette sous-section, nous allons nous plonger dans le paysage des emplois en IA, discuter des rôles en forte demande et vous fournir des informations sur la façon d'obtenir les meilleurs emplois en IA.

6.1.1 Rôles professionnels en IA très demandés

Le marché du travail de l'IA regorge d'opportunités dans différents domaines. De la recherche et du développement au déploiement et à la gestion, l'IA a créé une myriade de rôles répondant à divers ensembles de compétences, spécialisations et niveaux d'expérience. Voici quelques postes en IA très demandés à considérer :

- **Scientifiques des données** : les scientifiques des données jouent un rôle déterminant dans la compréhension des vastes quantités de données collectées par les entreprises. Ils développent des algorithmes, construisent des modèles statistiques et utilisent des techniques d'apprentissage automatique pour découvrir des informations et soutenir la prise de décision.

- **Machine Learning Engineers** : Ces ingénieurs sont chargés de concevoir et de mettre en œuvre des modèles et des algorithmes d'apprentissage automatique. Ils travaillent en étroite collaboration avec des scientifiques des données et aident à intégrer les modèles d'IA dans les systèmes de production.
- **Chercheurs en IA** : Comme son nom l'indique, les chercheurs en IA se concentrent sur l'avancement des théories de l'IA et le développement de nouvelles méthodes dans le domaine. Ils peuvent se spécialiser dans des sous-domaines tels que la vision par ordinateur, le traitement du langage naturel ou l'apprentissage en profondeur, et travaillent souvent dans des milieux de recherche universitaires ou industriels.
- **Spécialistes du matériel d'IA** : Avec la complexité croissante des algorithmes d'IA, le matériel spécialisé est devenu essentiel pour un traitement rapide et efficace. Les spécialistes du matériel d'IA travaillent à la conception et au développement de puces, de circuits, d'architectures et d'autres composants pour prendre en charge les applications d'IA et d'apprentissage automatique.
- **Chefs de produit IA** : les chefs de produit IA sont chargés de superviser le développement, le lancement et la gestion des produits ou services basés sur l'IA. Ils combinent les connaissances en IA avec le sens des affaires pour formuler une vision claire du produit, définir les exigences réalisables et coordonner des équipes interfonctionnelles pour assurer une exécution réussie.
- **Éthiciens de l'IA** : Alors que l'IA ébranle les fondements éthiques de différents secteurs, les

éthiciens de l'IA deviennent essentiels pour guider les organisations dans le développement et la mise en œuvre de solutions d'IA de manière responsable. Ces professionnels évaluent l'impact sociétal des applications d'IA, conçoivent des politiques et proposent des stratégies pour lutter contre les biais potentiels et les implications éthiques.

Alors que d'autres rôles en IA sont voués à faire surface, ce sont quelques-uns des postes les plus recherchés sur le marché du travail actuel en IA.

6.1.2 Stratégies clés pour sécuriser les meilleurs emplois en IA

Pour maximiser vos chances de décrocher un emploi de premier ordre en IA, il est important de vous concentrer sur un ensemble de stratégies qui améliorent votre profil et augmentent votre visibilité. Voici quelques recommandations clés :

- **Obtenez les bonnes références** : Poursuivez des diplômes universitaires ou des certifications professionnelles pour démontrer votre compétence dans les disciplines fondamentales de l'IA telles que la science des données, l'informatique ou l'ingénierie. Plusieurs universités et organisations prestigieuses proposent désormais des cours en ligne ou des camps d'entraînement, ce qui facilite l'acquisition des diplômes pertinents.
- **Maîtriser les compétences essentielles en IA** : Développer des compétences cruciales pour les rôles d'IA, telles que la programmation (Python, R, Java), les bibliothèques d'apprentissage automatique (TensorFlow, Keras, PyTorch), le cloud computing, la

visualisation de données et les plateformes de big data (Hadoop, Spark, NoSQL).

- **Acquérir une expérience pratique** : créez un portefeuille de projets d'IA mettant en valeur vos compétences et votre expertise dans le domaine. Participez à des compétitions d'IA (telles que Kaggle) et collaborez à des projets open source pour perfectionner vos compétences et réseauter avec des professionnels partageant les mêmes idées.

- **Réseauter stratégiquement** : Assistez à des conférences, des rencontres, des webinaires sur l'IA et rejoignez des communautés en ligne pour vous tenir au courant des tendances de l'industrie, engager des discussions et entrer en contact avec des employeurs, des mentors et des pairs potentiels.

- **Personnalisez votre présence en ligne** : créez une marque personnelle axée sur l'IA via un portefeuille en ligne, un blog ou des canaux de médias sociaux. Partagez des idées, des expériences de projets d'IA et faites preuve de leadership éclairé pour attirer l'attention des recruteurs.

- **Optez pour des stages ou des opportunités de coopération** : tirez parti des stages ou des opportunités de coopération pour acquérir une expérience précieuse, mettre en valeur votre travail dans des situations réelles et vous rendre plus employable dans les emplois en IA.

- **Travailler sur les compétences relationnelles** : les employeurs ne valorisent pas seulement les compétences techniques ; ils recherchent également des candidats qui possèdent de solides compétences en résolution de problèmes, en communication et en relations interpersonnelles pour naviguer dans un écosystème d'IA hautement multidisciplinaire.

En adhérant à ces stratégies, vous vous élevez en tant que candidat idéal pour des postes très convoités en IA. N'oubliez pas que le marché du travail de l'IA est dynamique et qu'il est essentiel de se tenir au courant des derniers développements pour garder une longueur d'avance. Alors adoptez l'apprentissage tout au long de la vie et continuez à perfectionner vos compétences tout en améliorant vos compétences en IA et en renforçant votre place dans ce domaine fascinant.

6.1 Le marché du travail en IA : carrières à forte demande et sécurisation des meilleurs postes

Compte tenu des progrès rapides de l'intelligence artificielle (IA) et de l'apprentissage automatique (ML), un nombre important de nouvelles professions ont émergé ces dernières années. Si vous cherchez à obtenir un poste à forte demande dans le domaine de l'IA, il est essentiel de comprendre les rôles les plus recherchés, leurs exigences et les étapes à suivre pour décrocher ces emplois.

Dans cette sous-section, nous nous concentrons sur certains des titres d'emploi les plus populaires dans le domaine de l'IA et présentons des conseils et des stratégies essentiels pour vous aider à assurer une carrière réussie à l'ère de l'IA.

6.1.1 Rôles clés de l'IA

Pour percer sur le marché du travail de l'IA, il est essentiel de se familiariser avec les intitulés de postes très demandés et leurs exigences spécifiques. Certains des postes les plus recherchés comprennent:

1. Scientifique des données

Les scientifiques des données analysent et interprètent des ensembles de données complexes pour en tirer des informations précieuses et des opportunités d'amélioration. Ils utilisent souvent des algorithmes d'apprentissage automatique et des modèles statistiques pour traiter les données et les transformer en intelligence exploitable. Les compétences requises incluent des langages de programmation comme Python ou R, la visualisation de données et une base solide en statistiques et en mathématiques.

2. Ingénieur IA

Les ingénieurs IA se concentrent sur le développement et le déploiement de modèles IA et ML, garantissant la sécurité, l'évolutivité et les performances. Ils maîtrisent les langages de programmation, tels que Python et Java, et possèdent une connaissance approfondie des algorithmes et des frameworks d'apprentissage automatique tels que TensorFlow et PyTorch.

3. Ingénieur ML

Les ingénieurs en apprentissage automatique se spécialisent dans le développement de modèles et de systèmes ML, en utilisant une variété d'outils et de techniques pour former et déployer des systèmes d'IA. Ces professionnels possèdent de solides compétences en programmation et en mathématiques, ainsi qu'une connaissance approfondie des bibliothèques et des algorithmes ML pour développer, tester et optimiser les implémentations ML.

4. Ingénieur en traitement du langage naturel (TAL)

Les ingénieurs NLP développent et mettent en œuvre des systèmes d'IA capables de comprendre, d'interpréter et de générer un langage humain. Ils utilisent diverses techniques et outils NLP tels que l'analyse de texte, l'analyse des sentiments et la traduction automatique pour permettre des interactions homme-ordinateur efficaces. Une connaissance des algorithmes et des bibliothèques NLP et de solides compétences en programmation sont essentielles pour ce rôle.

5. Ingénieur en vision par ordinateur

Les ingénieurs en vision par ordinateur se concentrent sur la capacité des machines à analyser, comprendre et répondre aux images et vidéos numériques. Ces professionnels possèdent une expertise dans les techniques de traitement d'images, les algorithmes d'apprentissage en profondeur et les langages de programmation, ce qui leur permet de créer des applications de vision par ordinateur telles que la détection d'objets et la reconnaissance faciale.

6.1.2 Comment sécuriser les meilleures positions sur le marché du travail de l'IA

Pour garantir une carrière réussie sur le marché du travail de l'IA, tenez compte des recommandations suivantes :

1. Développez vos compétences

Le domaine de l'IA est très compétitif, il est donc essentiel de développer les compétences et les technologies requises. Commencez par développer votre expertise dans les langages de programmation tels que Python, R et Java. Acquérir une expérience pratique de la manipulation, de la visualisation et du traitement des données. Aiguisez vos compétences statistiques et mathématiques pour exceller dans ce domaine.

2. Spécialisez-vous dans un sous-domaine de l'IA

Bien qu'il soit nécessaire d'avoir une large compréhension de l'IA, la spécialisation peut vous permettre de vous démarquer sur le marché du travail. Déterminez votre domaine d'intérêt - qu'il s'agisse d'apprentissage automatique, de vision par ordinateur ou de traitement du langage naturel - et approfondissez la maîtrise des techniques, des outils et des algorithmes spécifiques à ce domaine.

3. Obtenir des certifications et des diplômes

Avoir un diplôme en informatique, en ingénierie ou dans un domaine connexe peut être bénéfique, mais des certifications spécialisées peuvent vous donner un avantage sur le marché du travail. Plusieurs institutions réputées proposent des programmes, des cours et des certifications en IA et ML, qui peuvent aider à valider vos compétences et votre expertise.

4. Développer un portefeuille solide

Un portefeuille solide présentant vos projets d'IA, ainsi que votre compte GitHub, peut aider à mettre en valeur votre force en tant que candidat. Assurez-vous que votre portfolio démontre votre capacité à concevoir, mettre en œuvre et évaluer des modèles ou des systèmes d'IA à l'aide d'exemples pratiques et d'études de cas.

5. Réseau au sein de la communauté IA

Rejoindre les communautés d'IA ou de ML, assister à des rencontres ou à des webinaires et dialoguer avec des leaders d'opinion sur les plateformes de médias sociaux peut vous aider à rester informé des développements et des techniques de pointe. Le réseautage peut également conduire à des opportunités d'emploi et peut aider votre croissance professionnelle au sein de l'industrie.

6. Préparez-vous pour les entretiens

Enfin, préparez-vous correctement aux entretiens pour augmenter vos chances de décrocher un emploi. Entraînez-vous à répondre aux questions courantes des entretiens d'IA, à expliquer vos projets et vos méthodologies et à démontrer vos capacités de codage et de résolution de problèmes à la volée.

En suivant les recommandations décrites et en comprenant les cheminements de carrière à forte demande disponibles sur le marché du travail de l'IA, vous pouvez tracer une voie réussie et vous assurer une position enrichissante dans le monde de l'IA.

7. Formation à l'IA : Accélérer votre parcours d'apprentissage

7.3 Tirer parti des MOOC, des cours en ligne et des bootcamps pour acquérir des compétences en IA

Les plateformes d'apprentissage en ligne et à votre rythme jouent un rôle essentiel dans votre parcours pour acquérir des connaissances et des compétences liées à l'IA. L'un des avantages les plus importants de ces plates-formes est la flexibilité qu'elles offrent, généralement à un coût faible ou nul. Les plateformes en ligne ont démocratisé l'éducation, la rendant accessible à tous, indépendamment de la situation géographique ou des contraintes financières.

Voici quelques tendances populaires et efficaces en matière d'apprentissage en ligne qui peuvent vous aider dans votre cheminement vers la maîtrise de l'IA :

7.3.1 Cours en ligne ouverts et massifs (MOOC)

Les MOOC sont des cours accessibles en ligne et généralement gratuits, attirant des millions d'étudiants à travers le monde pour apprendre diverses disciplines. Les MOOC liés à l'IA sont une excellente ressource pour commencer à apprendre les concepts fondamentaux ainsi que des sujets plus avancés dans le cadre d'un programme structuré. Vous recevez du matériel de cours, des notes et des devoirs notés qui vous aident à comprendre et à tester votre compréhension. Certaines plates-formes populaires pour s'inscrire à des cours d'IA, d'apprentissage automatique, d'apprentissage en profondeur et de domaines connexes sont :

- Coursera : Coursera propose une variété de cours sur l'IA et des cours connexes développés en partenariat avec des universités prestigieuses et des experts de premier plan. Certains cours populaires sont Deep Learning Specialization d'Andrew Ng, Machine Learning de l'Université de Stanford et AI for Everyone .
- edX : edX est une autre plateforme qui s'associe aux meilleures universités et professionnels pour proposer des cours de haute qualité. Certains cours populaires liés à l'IA sont l'intelligence artificielle (IA) de l'Université de Columbia et les principes fondamentaux de l'apprentissage automatique de l'Université de Californie à San Diego.
- Udacity : Udacity est une plateforme d'apprentissage en ligne qui se concentre sur les cours de technologie, ses programmes AI Nanodegree et Deep Learning Nanodegree étant populaires parmi les aspirants professionnels de l'IA. Udacity offre une expérience d'apprentissage pratique, un mentorat et des services de carrière.

7.3.2 Bootcamps de codage en ligne

Les bootcamps de codage sont des expériences d'apprentissage immersives et intensives qui se concentrent sur la transmission de compétences de codage et de programmation pertinentes pour l'industrie. De nombreux bootcamps de codage ont des pistes spécifiques consacrées à l'IA ou à l'apprentissage automatique. Ces bootcamps vous aident à acquérir des compétences essentielles en matière de codage et de résolution de problèmes avant de vous plonger dans les projets liés à l'IA. Certains bootcamps de codage populaires sont :

- Le Wagon : Le Data Science Bootcamp du Wagon est un programme à temps plein de neuf semaines qui couvre les sujets Python, Machine Learning et Deep Learning.
- Springboard : le programme AI/ML Career Track de Springboard est un programme complet de six mois qui comprend un mentorat individuel, un coaching de carrière et un soutien au développement d'un portefeuille de projets liés à l'IA.
- Metis : Metis propose un Bootcamp Data Science & Engineering qui couvre l'IA, l'apprentissage automatique, l'apprentissage en profondeur et les sujets de traitement du langage naturel dans une approche d'apprentissage par projet.

7.3.3 Apprendre à partir de la documentation du logiciel et du framework

Les logiciels et les frameworks d'IA sont généralement accompagnés d'une documentation riche et les suivre peut être un moyen d'apprentissage très efficace. Certains frameworks populaires pour l'IA et l'apprentissage automatique sont TensorFlow, PyTorch et scikit-learn. Leur documentation et leurs guides officiels sont complets et constituent une excellente source d'apprentissage. N'hésitez pas à vous plonger dans les documentations officielles des bibliothèques d'IA populaires, telles que :

- Documentation TensorFlow
- Documentation PyTorch
- Guide d'utilisation de Scikit-learn

7.3.4 Rejoindre les communautés et forums en ligne liés à l'IA

Les communautés et les forums en ligne sont des trésors d'informations, partagés par d'autres apprenants et des professionnels de l'IA. Ces plates-formes vous aident à vous tenir au courant des dernières recherches sur l'IA et vous offrent un moyen de poser des questions ou de discuter de problèmes. Certaines communautés d'IA populaires sont :

- r/Apprentissage automatique
- r/learnmachinelearning
- Échange de pile d'IA

7.3.5 Apprendre à travers des vidéos et des didacticiels en ligne

Enfin, les vidéos et tutoriels en ligne sont une source importante de connaissances pour l'apprentissage de l'IA. YouTube et d'autres plates-formes vidéo hébergent de nombreuses séries de tutoriels, conférences et conférences d'experts sur l'IA et l'apprentissage automatique. Suivre ces ressources vous aidera à acquérir une perspective plus large, des approches de résolution de problèmes et une exposition aux concepts fondamentaux et avancés de l'IA. Certaines chaînes YouTube populaires sont :

- Indice d'envoi
- Documents de deux minutes
- TensorFlow

En tirant parti de ces plateformes et ressources d'apprentissage, vous pouvez construire une base solide en IA, acquérir une expérience pratique et exceller dans votre cheminement de carrière. Avec ce vaste référentiel de supports d'apprentissage, faites le premier pas dès aujourd'hui et démarrez votre voyage vers l'IA !

7.1 Approfondir les principes de l'IA : maîtriser les fondamentaux

Avant de pouvoir accélérer votre parcours d'apprentissage et adopter pleinement l'IA, il est essentiel d'acquérir d'abord une solide compréhension des principes et des théories de l'IA. En maîtrisant les fondamentaux, vous disposerez d'une base solide sur laquelle vous pourrez construire votre carrière en IA ou améliorer votre rôle actuel.

7.1.1 Quels sont les fondamentaux de l'IA ?

L'IA est un ensemble de technologies qui permettent aux ordinateurs d'apprendre à partir des données, de faire des prédictions et de s'adapter à des environnements changeants - des tâches qui nécessitent généralement l'intelligence humaine. Entre autres choses, l'IA peut reconnaître des modèles, extraire le sens de données non structurées et faire des inférences pour résoudre des problèmes complexes.

Certains des principes fondamentaux de l'IA incluent :

1. **Machine Learning (ML) :** un sous-ensemble de l'IA, le ML est le processus par lequel les ordinateurs apprennent à effectuer des tâches sans programmation explicite. Les algorithmes ML, tels que l'apprentissage supervisé et non supervisé,

permettent aux machines d'identifier des modèles et d'extraire des informations utiles des données.

2. **Traitement du langage naturel (NLP) :** le NLP traite de l'interaction entre les ordinateurs et les humains par le biais du langage naturel. Cela inclut la reconnaissance de la langue, l'analyse des sentiments et la traduction automatique.

3. **Réseaux de neurones :** ces algorithmes d'inspiration biologique imitent le fonctionnement du cerveau humain, permettant aux machines d'apprendre et de prendre des décisions en fonction d'une myriade d'entrées.

4. **Apprentissage en profondeur :** un sous-ensemble du ML, l'apprentissage en profondeur se concentre sur les réseaux de neurones à plusieurs couches qui fonctionnent ensemble pour traiter et analyser les données. Les modèles d'apprentissage en profondeur peuvent être très efficaces pour gérer des données non structurées telles que des images, du texte ou de la parole.

5. **Vision par ordinateur :** en tant que domaine interdisciplinaire, la vision par ordinateur vise à permettre aux machines de comprendre et d'interpréter les informations visuelles. Les applications incluent la reconnaissance d'images, la détection d'objets et la reconnaissance faciale.

6. **Apprentissage par renforcement :** dans l'apprentissage par renforcement, l'agent IA apprend de son environnement en interagissant avec lui et en recevant des commentaires sur ses actions. Sur la base de ces retours, l'agent ajuste son comportement pour optimiser sa prise de décision.

7.1.2 Devenir compétent dans les technologies liées à l'IA

Pour commencer votre voyage vers la maîtrise de l'IA, il est crucial de cibler les technologies et les langages de programmation les plus pertinents pour votre secteur ou vos objectifs spécifiques. Python, R, TensorFlow et Keras sont parmi les plus populaires.

1. **Python :** langage de programmation polyvalent et largement utilisé, Python possède une grande communauté de développeurs et de nombreuses bibliothèques pour les tâches d'IA et de ML. De nombreux développeurs d'IA préfèrent Python en raison de sa simplicité et de sa lisibilité.
2. **R :** Un langage de programmation et un environnement logiciel pour le calcul statistique et les graphiques, R est populaire parmi les statisticiens et les chercheurs. Il est tout aussi puissant pour les tâches d'apprentissage automatique et d'analyse de données.
3. **TensorFlow :** une bibliothèque de logiciels open source pour le flux de données et la programmation différentiable sur une gamme de tâches, TensorFlow a été développée par l'équipe Google Brain. Il est largement utilisé pour l'apprentissage en profondeur et la recherche sur les réseaux de neurones.
4. **Keras :** une API de réseaux neuronaux de haut niveau conviviale écrite en Python, Keras agit comme une interface pour la bibliothèque TensorFlow. Il est populaire pour sa simplicité et sa facilité d'utilisation dans le développement de modèles d'apprentissage en profondeur.

7.1.3 Développer une base mathématique solide

Pour exceller en IA, il est essentiel d'avoir une base solide en mathématiques, en particulier dans des domaines tels que l'algèbre linéaire, le calcul, les probabilités et les statistiques. Ces principes fondamentaux sont inestimables pour comprendre et mettre en œuvre efficacement les algorithmes d'IA.

1. **Algèbre linéaire :** essentielle pour comprendre et travailler avec des données de grande dimension, l'algèbre linéaire est la branche des mathématiques traitant des espaces vectoriels et des équations linéaires.
2. **Calcul :** Le calcul fournit la base des techniques d'optimisation et des analyses multivariées, qui sont toutes deux essentielles à de nombreuses applications d'IA.
3. **Probabilité :** l'étude de la probabilité vous aide à comprendre les incertitudes sous-jacentes dans les modèles d'IA, ce qui permet une meilleure prédiction et une meilleure prise de décision.
4. **Statistiques :** en tant que branche des mathématiques, les statistiques se concentrent sur l'analyse, l'interprétation et la présentation des données. Il est crucial de comprendre les relations nuancées au sein des ensembles de données et d'évaluer les performances des modèles d'IA.

7.1.4 Expérience pratique : créer des solutions d'IA concrètes

Si la maîtrise des fondamentaux est cruciale, l'apprentissage des applications pratiques de l'IA est tout aussi essentiel. C'est grâce à une expérience pratique que vous développerez la capacité de concevoir des solutions centrées sur l'IA et d'affiner votre compréhension des algorithmes d'IA.

Voici quelques suggestions pour acquérir une expérience pratique de l'IA :

1. **Cours en ligne :** de nombreuses plateformes proposent des cours d'IA sur mesure, qui peuvent vous aider à apprendre les langages de programmation, les algorithmes et les meilleures pratiques. Par exemple, Coursera, Udemy et edX proposent une large gamme de cours liés à l'IA.
2. **Hackathons et compétitions de codage :** La participation à des hackathons et à des compétitions de codage offre une expérience pratique dans le développement et la mise en œuvre d'algorithmes d'IA. De plus, ces événements vous aident à développer votre réseau professionnel et à mettre en valeur vos compétences.
3. **Projets open source :** Contribuez à des projets d'IA open source pour acquérir une expérience concrète dans le développement de logiciels et la mise en œuvre de l'IA. La collaboration avec d'autres développeurs dans ces projets peut également vous aider à apprendre les meilleures pratiques et techniques.
4. **Projets d'IA personnels :** utilisez les compétences et les connaissances que vous avez acquises pour développer vos propres projets d'IA, tels que des chatbots, des systèmes de recommandation ou des applications de reconnaissance d'images. Ces projets démontrent votre expertise et peuvent servir de matériel précieux pour votre portefeuille.

En vous concentrant sur les fondamentaux, en maîtrisant les technologies pertinentes et en appliquant vos connaissances à travers des expériences pratiques, vous serez bien équipé pour exceller à l'ère de l'IA. Avec dévouement et persévérance, vous pouvez accélérer votre parcours d'apprentissage et vous assurer d'être prêt pour les opportunités passionnantes que l'IA a à offrir.

7.1 Identifier vos objectifs d'apprentissage et vos lacunes

Avant d'accélérer votre parcours d'apprentissage, il est crucial d'avoir une idée claire de vos objectifs d'apprentissage et des domaines que vous devez améliorer. L'identification des lacunes d'apprentissage vous aidera à hiérarchiser vos ressources pédagogiques et à rationaliser votre processus d'apprentissage. Dans cette sous-section, nous explorerons différentes stratégies pour comprendre vos objectifs d'apprentissage et identifier les compétences requises pour prospérer à l'ère de l'IA.

7.1.1 Évaluez vos compétences actuelles

Avant de vous lancer dans un voyage d'apprentissage, il est essentiel de comprendre vos compétences et connaissances actuelles. En évaluant vos compétences existantes, vous pouvez déterminer dans quels domaines vous devez vous améliorer et dans quels domaines vous vous sentez en confiance. Pour évaluer vos compétences, envisagez d'utiliser certaines méthodes d'auto-évaluation, telles que :

- Réfléchir à vos expériences et tâches liées au travail
- Répondre à des quiz et à des tests de compétences en ligne
- Consulter des pairs, des mentors ou des superviseurs pour obtenir des commentaires

- Examiner les évaluations de performance et les évaluations

7.1.2 Identifier les exigences spécifiques à l'industrie et au rôle

Chaque industrie et fonction a des exigences uniques en termes de compétences et de connaissances spécifiques. Pour prendre une décision éclairée concernant votre parcours d'apprentissage, recherchez les compétences liées à l'IA qui sont demandées pour votre secteur ou le rôle souhaité. Gardez à l'esprit que ces exigences évolueront avec le temps, il est donc crucial de rester au courant des tendances de l'industrie. Les ressources utiles pour identifier ces exigences pourraient inclure :

- Rapports et livres blancs de l'industrie
- Offres d'emploi et descriptions
- Conférences de chefs de file et d'experts de l'industrie
- Forums et communautés en ligne
- Réseaux professionnels

7.1.3 Déterminez votre style d'apprentissage

Comprendre votre style d'apprentissage préféré peut avoir un impact significatif sur votre capacité à acquérir et à retenir de nouvelles informations. Il existe quatre principaux styles d'apprentissage : visuel, auditif, lecture/écriture et kinesthésique. L'identification de votre style d'apprentissage préféré vous aidera à choisir des ressources pédagogiques adaptées à vos points forts et à faciliter un apprentissage optimal. Pour déterminer votre style d'apprentissage, considérez :

- Réfléchir à vos expériences d'apprentissage et à vos préférences
- Réaliser des sondages et des tests en ligne sur les styles d'apprentissage
- Expérimenter différents supports et méthodes d'apprentissage

7.1.4 Définir des objectifs spécifiques, mesurables, atteignables, pertinents et limités dans le temps (SMART)

Avoir des objectifs d'apprentissage bien définis vous permettra de rester concentré et motivé tout au long de votre parcours d'apprentissage. Les objectifs SMART peuvent fournir une structure et vous aider à suivre vos progrès. Pour définir des objectifs SMART :

- Soyez **précis** sur les compétences et les connaissances que vous souhaitez acquérir
- Choisissez des objectifs **mesurables** pour suivre vos progrès
- Assurez-vous que vos objectifs sont **réalisables** dans la limite de vos ressources et de vos contraintes
- Rendez vos objectifs **pertinents** par rapport à vos objectifs de carrière et à l'ère de l'IA
- Fixez un **délai raisonnable** pour chaque objectif

7.1.5 Créer un plan d'apprentissage personnalisé

Une fois que vous avez défini vos objectifs d'apprentissage, organisez-les dans un plan d'apprentissage. Un plan d'apprentissage personnalisé vous aidera à gérer votre temps efficacement et à vous assurer de rester dans les temps. Un plan d'apprentissage bien équilibré devrait :

- Traiter les domaines où vous avez identifié des lacunes ou une marge d'amélioration
- Incorporer diverses méthodes et ressources d'apprentissage adaptées à votre style d'apprentissage
- Inclure des objectifs à court et à long terme
- Permettre la flexibilité et l'adaptation en réponse aux changements dans l'industrie, le marché du travail ou les circonstances personnelles
- Ayez des points de contrôle périodiques pour évaluer vos progrès et ajuster votre plan en conséquence

En suivant ces étapes, vous pouvez créer un parcours d'apprentissage personnalisé et efficace qui correspond à vos aspirations professionnelles à l'ère de l'IA. Restez agile, adoptez le changement et profitez du voyage !

7.1 Adopter une mentalité de croissance

L'un des éléments essentiels pour réussir à l'ère de l'IA est d'adopter un état d'esprit de croissance. Contrairement à un état d'esprit fixe, qui croit que l'intelligence et les talents des individus sont immuables, l'état d'esprit de croissance croit que nous pouvons développer nos capacités et nos connaissances grâce au travail acharné, à la détermination et à l'apprentissage stratégique. Le paysage en évolution rapide de l'IA et de la technologie oblige ceux qui ont une mentalité de croissance à s'adapter aux nouveaux défis et à libérer leur potentiel. Voici un plan étape par étape pour vous aider à adopter un état d'esprit de croissance et à accélérer votre parcours d'apprentissage.

Étape 1 : Acceptez le défi

Comprenez qu'apprendre quelque chose de nouveau demande du temps, de la patience et de la persévérance. La première étape consiste à accepter que ce ne sera pas toujours facile, mais à chaque obstacle, vous apprendrez et deviendrez plus fort. Adoptez le concept selon lequel les connaissances et la compréhension sont en constante évolution, et même les experts mettent constamment à jour leurs perspectives dans ce paysage de l'IA en évolution rapide. Vous commencez votre voyage dans un domaine qui promet de vastes opportunités et des perspectives passionnantes.

Étape 2 : Faites de l'apprentissage une habitude quotidienne

L'une des conditions préalables essentielles pour accélérer votre parcours d'apprentissage est d'intégrer l'apprentissage dans votre routine quotidienne. Déterminez une durée déterminée, que ce soit 30 minutes ou 3 heures, consacrée chaque jour à vous immerger dans le matériel lié à l'IA. Cela peut impliquer de s'engager dans des cours en ligne, de lire des nouvelles de l'industrie, de participer à des forums pertinents ou simplement d'écouter des podcasts traitant de l'IA.

Assurez-vous de donner la priorité à votre apprentissage et de le traiter avec la même importance que tout autre engagement. Au fur et à mesure que vous progressez dans vos études, commencez à vous fixer des objectifs spécifiques, tels que la réalisation d'exercices de codage ou la réalisation d'exemples de projets.

Étape 3 : Cultivez une vision curieuse et ouverte d'esprit

La curiosité et l'ouverture d'esprit sont indispensables dans le monde de l'IA. Efforcez-vous de remettre en question vos hypothèses et de remettre en question vos perceptions, car cela vous encouragera à explorer de nouvelles perspectives et idées. Cherchez des occasions d'appliquer vos nouvelles connaissances dans votre travail actuel ou vos projets personnels, car cela approfondira davantage votre compréhension.

Restez informé des nouveaux développements en IA et recherchez constamment des domaines connexes pour élargir votre expertise. N'oubliez pas que le domaine de l'IA est vaste et que vous ne manquerez jamais de choses à apprendre ou à étudier. Restez curieux, restez engagé et profitez du voyage.

Étape 4 : Acceptez les critiques constructives et les échecs

Sortir de votre zone de confort signifie sans aucun doute que vous rencontrerez des critiques et des échecs. Reconnaissez que les erreurs sont une partie essentielle de l'apprentissage et doivent être utilisées comme des occasions d'analyser vos lacunes et de concevoir de nouvelles approches. Favorisez la résilience et l'adaptabilité en acceptant ces revers comme des opportunités de croissance.

De même, n'hésitez pas à faire des critiques constructives. Acceptez les commentaires de mentors, de collègues ou d'experts de l'industrie, car leurs idées peuvent vous aider à vous améliorer et à vous développer dans le paysage de l'IA. Apprendre à prospérer malgré l'échec renforcera non seulement vos capacités, mais vous donnera également la détermination de persévérer et de réussir.

Étape 5 : Entourez-vous de personnes partageant les mêmes idées

L'un des moyens les plus efficaces d'améliorer vos connaissances et d'acquérir de nouvelles compétences est de vous exposer à ceux qui partagent des passions et des objectifs similaires. Recherchez des communautés, en ligne ou hors ligne, où vous pouvez trouver des mentors, des collaborateurs et des pairs qui peuvent contribuer positivement à votre parcours d'apprentissage. Tirez parti de plateformes telles que LinkedIn et Twitter pour entrer en contact avec des leaders d'opinion, rejoindre des forums de discussion spécifiques à l'IA et assister à des ateliers, séminaires ou conférences pertinents.

En vous entourant de personnes qui sont motivées et engagées dans la croissance, vous établirez un système de soutien inestimable qui favorisera à la fois votre développement personnel et professionnel.

Étape 6 : Gardez une trace de vos progrès

Surveillez régulièrement votre croissance et célébrez vos réalisations. Établir des repères quantifiables, tels que des certifications, des projets réalisés ou des compétences maîtrisées, vous permettra de mesurer vos progrès et de maintenir votre motivation. Cette auto-évaluation vous permet de cibler des domaines spécifiques pour une attention supplémentaire ou d'identifier quand vous êtes prêt à passer à des techniques d'IA plus avancées.

De plus, tenir un journal d'apprentissage ou un blog peut être un moyen efficace de documenter vos expériences et vos pensées, encourageant davantage votre cheminement en tant qu'apprenant tout au long de la vie.

En suivant ces étapes et en adoptant un état d'esprit de croissance, vous êtes prêt à exceller à l'ère de l'IA. N'oubliez pas que le voyage peut être difficile, mais les récompenses sont abondantes. Restez résilient, embrassez votre passion pour l'apprentissage et mettez-vous continuellement au défi. Avec dévouement et dynamisme, vous serez sur la bonne voie pour maîtriser l'IA et assurer votre avenir dans un paysage numérique en constante évolution.

7.1 Adopter l'état d'esprit de l'IA

Avant de plonger tête première dans l'IA et de vous perfectionner, il est crucial d' *adopter l'état d'esprit de l'IA* . Les professionnels de l'IA possèdent une curiosité tournée vers l'avenir qui leur permet non seulement de s'adapter à l'évolution rapide du paysage technologique, mais aussi de réfléchir de manière critique à la manière de l'appliquer à divers domaines. Voici quelques éléments clés pour vous aider à adopter l'état d'esprit de l'IA :

7.1.1 Gardez la vue d'ensemble à l'esprit

Tout en apprenant n'importe quel sujet ou technologie, garder à l'esprit la vue d'ensemble vous permet de mettre votre apprentissage en contexte. Par exemple, lorsque vous étudiez les tendances de l'IA, pensez aux développements mondiaux, aux technologies de nouvelle génération et aux besoins du marché. Réfléchissez à des questions telles que :

- Quelles sont les implications de l'IA sur l'industrie ?
- Quels types de problèmes l'IA peut-elle résoudre ?
- Comment l'IA influence-t-elle le fonctionnement des différentes organisations ?

Comprendre le contexte plus large dans lequel ces développements se produisent vous aidera à la fois à garder du recul et à rester motivé tout au long de votre parcours d'apprentissage.

7.1.2 Cultiver l'humilité intellectuelle

L'IA est un vaste domaine et il est facile de se laisser submerger. Reconnaissez que vous ne saurez pas tout et soyez ouvert à apprendre de tout le monde. Cet état d'esprit vous aidera à garder les pieds sur terre et ouvrira la voie à un apprentissage continu. Entourez-vous de personnes qui remettent en question vos hypothèses et engagez des conversations qui élargissent vos horizons.

7.1.3 Développer la pensée computationnelle

La pensée computationnelle est une compétence cruciale pour les professionnels de l'IA, car les systèmes d'IA nécessitent une compréhension fondamentale des structures de données et des algorithmes. Apprenez à décomposer les problèmes en étapes logiques et essayez de les résoudre grâce au codage. Familiarisez-vous avec Python, l'un des langages de programmation les plus utilisés en IA, et appliquez-le à divers défis.

7.1.4 Pratiquer la résolution de problèmes

L'IA consiste à résoudre des problèmes complexes de manière innovante. Commencez à identifier les défis du monde réel qui vous entourent et réfléchissez à la manière dont l'IA pourrait vous aider à les surmonter. Participez à des compétitions d'IA, comme Kaggle, pour vous exercer à appliquer des approches d'IA dans des scénarios réels.

7.1.5 Restez informé et mis à jour

L'IA évolue à un rythme rapide. Tenez-vous au courant des dernières nouvelles, tendances et recherches. Abonnez-vous aux newsletters ou rejoignez des communautés professionnelles, et n'ayez pas peur de lire des articles de recherche ou de la littérature sur l'IA.

7.2 Choisissez votre chemin d'accès à l'IA

Trouver votre créneau est une partie cruciale de votre parcours en IA. L'IA est un vaste domaine, avec différentes technologies, plates-formes et industries nécessitant différents ensembles de compétences. Considérez les chemins suivants pour identifier celui qui correspond à vos intérêts et à votre expérience :

7.2.1 Science des données

La science des données est le fondement de l'IA. Les scientifiques des données nettoient, prétraitent et analysent les données pour extraire des informations et créer des systèmes intelligents. Familiarisez-vous avec Python, R et les outils de visualisation de données, ainsi qu'avec les bibliothèques d'apprentissage automatique telles que TensorFlow ou scikit-learn.

7.2.2 Ingénierie de l'apprentissage automatique

Les ingénieurs en apprentissage automatique créent, testent, déploient et maintiennent des modèles d'IA dans des environnements de production. Si vous êtes un ingénieur logiciel qui cherche à entrer dans l'espace de l'IA, c'est une excellente voie pour vous. Acquérir une expertise en Python, en algorithmes d'apprentissage automatique, en technologies de mégadonnées (comme Hadoop, Spark) et en outils de déploiement (comme Docker).

7.2.3 Apprentissage en profondeur

L'apprentissage en profondeur est un sous-domaine de l'apprentissage automatique qui permet aux systèmes intelligents d'apprendre à partir de données non structurées. Pour exceller dans ce domaine, développez une solide compréhension des réseaux de neurones, de TensorFlow, de Keras et de la vision par ordinateur ou du traitement du langage naturel.

7.2.4 Éthique et politique en matière d'IA

Alors que l'IA continue de se développer, les préoccupations concernant les implications éthiques et politiques sont primordiales. Si vous avez une formation en philosophie, en droit ou en sciences sociales, vous pouvez tirer parti de votre expertise pour façonner les futures réglementations de l'IA et régir son utilisation.

7.3 Créer une feuille de route pour votre parcours d'apprentissage

Une fois que vous avez identifié votre parcours d'IA, créez un plan d'apprentissage complet qui décrit les étapes clés de votre parcours :

7.3.1 Définir des objectifs spécifiques

Fixer des objectifs spécifiques, mesurables, atteignables, pertinents et limités dans le temps (SMART) vous aidera à rester concentré et à cartographier vos progrès. Par exemple, au lieu de décider vaguement d'apprendre Python, fixez-vous pour objectif de suivre un cours Python et de créer un modèle d'apprentissage automatique dans les deux mois.

7.3.2 Divisez votre parcours d'apprentissage en étapes plus petites

Décomposez votre parcours d'apprentissage en étapes plus petites et gérables. Identifiez les prérequis et les dépendances, et suivez un parcours d'apprentissage structuré. Cette approche vous permettra de suivre plus facilement vos progrès et de rester motivé.

7.3.3 Combiner différentes approches d'apprentissage

Tirez le meilleur parti de diverses ressources d'apprentissage telles que des cours en ligne, des livres et des vidéos. Assistez à des ateliers, des rencontres et des événements de l'industrie pour réseauter avec des professionnels partageant les mêmes idées et apprendre de leurs expériences.

7.4 Appliquer et mettre en valeur vos compétences

Au fur et à mesure que vous progressez dans votre parcours d'apprentissage, il est essentiel d'appliquer vos compétences dans des scénarios pratiques et de mettre en valeur votre expertise :

7.4.1 Créer des projets

Construire des projets est un excellent moyen de renforcer votre apprentissage et de démontrer vos compétences à des employeurs potentiels. Explorez des projets open source, choisissez un ensemble de données ou créez une solution basée sur l'IA pour relever un défi du monde réel. Ces projets peuvent contribuer de manière significative à votre portefeuille, en fournissant une preuve tangible de votre expertise.

7.4.2 Blogs et création de contenu

Partager vos connaissances par le biais de blogs, d'articles ou de vidéos est un excellent moyen de consolider votre compréhension et de mettre en valeur vos capacités. En prime, cela vous aidera également à développer votre réseau professionnel.

7.4.3 Certifications et cours

L'obtention de certifications auprès d'institutions réputées telles que Coursera, Udacity ou edX peut démontrer davantage votre engagement envers l'IA et vous donner un avantage concurrentiel sur le marché du travail.

N'oubliez pas que l'IA est un domaine en constante évolution et que votre parcours d'apprentissage ne sera pas linéaire. L'amélioration des compétences et l'adaptation à l'ère de l'IA nécessitent de la persévérance, de la concentration et de l'humilité intellectuelle. Avec une approche proactive et une forte mentalité d'IA, vous pouvez prospérer dans ce monde dynamique et assurer votre place dans la future main-d'œuvre.

8. Le réseautage à l'ère de l'IA : créer des liens pour garder une longueur d'avance

8.1 L'importance du réseautage à l'ère de l'IA

Bien que vous ayez déjà travaillé sur vos compétences en IA et que vous ayez une bonne compréhension des possibilités de la technologie, cela ne suffit pas pour vous assurer de rester en tête sur le marché du travail. Le réseautage est un élément crucial de votre développement de carrière, et il revêt encore plus d'importance dans le paysage en évolution rapide de l'IA. Voici plusieurs raisons pour lesquelles le réseautage est essentiel pour rester en tête à l'ère de l'IA :

8.1.1 Élargir vos connaissances de l'industrie

En interagissant avec des personnes dans le domaine de l'IA, vous découvrirez les dernières tendances et percées de l'industrie beaucoup plus rapidement que vous ne le feriez à partir d'articles et de rapports. Vous pouvez entendre parler de nouvelles recherches, applications ou produits avant même qu'ils ne deviennent publics. Au fur et à mesure que l'industrie grandit et évolue, rester à jour avec les derniers développements vous permet de grandir avec elle et de garder vos compétences pertinentes.

8.1.2 Identifier les opportunités de carrière

Alors que l'IA continue de remodeler le marché du travail, vos chances d'obtenir un nouveau rôle ou d'évoluer au sein de votre organisation actuelle dépendent non seulement de vos compétences et de votre expérience, mais également de votre capacité à vous connecter avec les autres. Le réseautage vous aide à prendre connaissance des offres d'emploi et des projets en cours qui peuvent correspondre à votre intérêt et à votre expertise dans le domaine de l'IA. Plus vous réseautez, plus vous aurez de chances de trouver des opportunités qui ne sont pas accessibles au grand public.

8.1.3 Construire votre marque personnelle

Les influenceurs au sein de la communauté de l'IA sont très respectés en raison de leur contribution à la croissance de l'industrie. En réseautant et en partageant vos idées, vos compétences et vos projets avec d'autres, vous pouvez également vous établir comme une autorité dans le domaine. Être reconnu comme un expert en la matière peut conduire à de nouvelles offres d'emploi, à des invitations à participer à des projets ou même à des engagements de conférence et de conseil.

8.1.4 Créer des connexions durables

Le réseautage vous permet de rencontrer des professionnels partageant les mêmes idées que vous et partageant la même passion pour l'IA. Ces connexions peuvent offrir un soutien, des conseils et des ressources qui peuvent être inestimables lorsque vous naviguez dans le paysage en constante évolution de l'IA. Entretenir des relations significatives avec d'autres personnes sur le terrain peut vous aider à vous adapter rapidement aux nouvelles technologies, à apprendre des applications pratiques de l'IA et à rechercher de nouvelles opportunités à mesure qu'elles se présentent.

8.2 Stratégies pour réseauter efficacement à l'ère de l'IA

Pour tirer le meilleur parti des opportunités de réseautage et étendre votre réseau professionnel, vous pouvez utiliser une combinaison de canaux en ligne et hors ligne. Voici quelques conseils pour vous aider à démarrer :

8.2.1 Rejoindre les communautés en ligne et les plateformes de médias sociaux

Des professionnels et des passionnés de l'intelligence artificielle du monde entier se réunissent sur diverses plateformes en ligne pour partager des idées, des idées et des percées dans le domaine. Certains sites populaires incluent LinkedIn, GitHub, Twitter et Reddit. Rejoignez des groupes d'IA pertinents, abonnez-vous à des flux liés à l'IA et suivez des personnalités influentes de l'IA pour rester au courant des dernières nouvelles et discussions liées à l'IA.

8.2.2 Assister à des conférences, des séminaires et des rencontres

Les événements axés sur l'IA rassemblent des professionnels pour partager leurs idées, leurs recherches et leurs expériences. Assistez à des conférences, des séminaires et des rencontres pour réseauter avec des personnes travaillant dans l'IA, leurs recherches et leurs perspectives. De nombreux événements sont accompagnés de séances de réseautage, qui offrent d'excellentes occasions de se connecter avec des personnes partageant les mêmes idées et d'élargir votre réseau professionnel.

8.2.3 S'engager dans des projets d'IA

Travailler sur des projets d'IA améliore non seulement vos compétences et votre portefeuille, mais vous permet également de collaborer avec d'autres personnes sur le terrain. Lorsque cela est possible, choisissez de travailler sur des projets open source ou de contribuer à des efforts de recherche impliquant une collaboration. Cela peut vous aider à établir des liens avec d'autres passionnés d'IA et à mettre en valeur vos compétences.

8.2.4 Construire une forte présence en ligne

Créez un site Web ou un blog personnel pour documenter vos projets d'IA, vos recherches et vos réflexions sur les dernières tendances du secteur. Partagez votre travail sur les réseaux sociaux et les communautés d'IA en ligne pour dialoguer avec d'autres personnes sur le terrain, solliciter des commentaires et vous établir en tant qu'expert en la matière.

8.2.5 Développer des compétences relationnelles

Un réseautage efficace ne concerne pas seulement vos prouesses techniques, mais également votre capacité à communiquer et à vous connecter avec les autres. Travaillez sur des compétences non techniques telles que la prise de parole en public, l'écoute active et l'empathie pour permettre aux autres de s'engager plus facilement avec vous et d'établir des relations de confiance.

8.3 Conclusion

À l'ère de l'IA, le réseautage est essentiel pour garder une longueur d'avance et assurer votre place sur le marché du travail en constante évolution. Exploitez une gamme variée de canaux de réseautage pour élargir vos connaissances, accéder à de meilleures opportunités et renforcer votre marque personnelle. En créant des liens durables avec d'autres professionnels de l'IA, vous serez mieux placé pour vous adapter aux nouvelles technologies et rester une ressource précieuse au sein de l'industrie.

8.1 Pourquoi le réseautage est plus important que jamais à l'ère de l'IA

Alors que le monde du travail subit un changement monumental en raison des progrès rapides de l'intelligence artificielle (IA), il devient plus important que jamais d'être proactif dans le développement et le perfectionnement de vos compétences professionnelles. À l'ère de l'IA, le réseautage n'est plus un luxe, mais une nécessité pour garder une longueur d'avance sur la concurrence et rester visible sur le marché du travail. Cette section explorera les raisons pour lesquelles le réseautage est crucial à l'ère de l'IA et fournira des informations sur la manière de développer et de maintenir des relations précieuses.

8.1.1 Les changements sur le marché du travail soulignent l'importance du réseautage

L'adoption de l'IA et des technologies d'automatisation dans tous les secteurs a entraîné la suppression de nombreux emplois routiniers et la création de nouvelles opportunités nécessitant une combinaison différente de compétences. Par conséquent, l'apprentissage tout au long de la vie et l'adaptabilité sont essentiels à la réussite professionnelle. Le réseautage est un véhicule essentiel pour stimuler l'apprentissage continu, vous aidant à :

- Restez informé des tendances et des développements de l'industrie,
- Informez-vous sur les nouvelles opportunités d'emploi et les cheminements de carrière,
- Obtenez des informations sur les compétences recherchées et les meilleures pratiques,
- Développez vos connaissances en apprenant des expériences des autres, et
- Construire un système de soutien de mentors et de conseillers de confiance.

8.1.2 Tirer parti de la puissance de l'IA pour étendre votre réseau

Bien que l'IA puisse perturber les industries et remodeler les emplois, elle peut également être un catalyseur pour la mise en réseau. En utilisant des outils et des plates-formes basés sur l'IA, vous pouvez :

- Automatisez les tâches de mise en réseau fastidieuses, telles que l'envoi de demandes de connexion et de suivi, et la planification de réunions.
- Utilisez des systèmes de recommandation basés sur l'IA pour découvrir de nouvelles connexions ou en savoir plus sur les événements de réseautage, les rencontres et les conférences.
- Obtenez des informations sur votre réseau, identifiez les influenceurs ou les connecteurs et comprenez comment mieux tirer parti de vos relations pour atteindre vos objectifs professionnels.

8.1.3 Stratégies pour un réseautage efficace à l'ère de l'IA

Garder une longueur d'avance à l'ère de l'IA nécessite de se tenir au courant des dernières tendances et d'élargir continuellement vos compétences ou d'en acquérir de nouvelles. Les stratégies suivantes vous aideront à développer des relations précieuses et à rester pertinent dans votre secteur :

1. **Construisez votre marque personnelle :** à l'ère de l'IA, votre présence en ligne et votre marque personnelle comptent plus que jamais. Développez un profil professionnel solide sur des plateformes de réseautage comme LinkedIn ou des réseaux de niche spécifiques à votre industrie. Partagez du contenu pertinent et engagez des discussions pour mettre en valeur votre expertise et vos intérêts, et établir votre crédibilité auprès de vos relations.

2. **Adoptez les outils et les plates-formes d'IA :** comme mentionné précédemment, l'IA peut être un outil puissant dans votre arsenal de réseautage. Explorez les ressources de mise en réseau alimentées par l'IA, telles que les recommandations de réseau de LinkedIn et les outils de messagerie automatisés, pour trouver de nouveaux contacts et approfondir les relations existantes.

3. **Engagez-vous dans des communautés en ligne et hors ligne :** rejoignez des forums, des groupes de discussion et des communautés spécifiques à votre secteur où vous pouvez réseauter avec des professionnels partageant les mêmes idées. Assistez à des rencontres, des conférences et des séminaires spécifiques à l'industrie, car cela vous aidera non seulement à rester à jour avec les dernières

connaissances, mais aussi à construire un réseau solide.

4. **Collaborez sur des projets et des initiatives** : en travaillant avec d'autres sur des projets collaboratifs, vous acquérez non seulement une expérience précieuse, mais vous construisez également des relations durables. Recherchez des opportunités de collaboration sur des projets open source, contribuez à des blogs ou à des podcasts ou participez à des hackathons et à des concours.

5. **Cultivez un réseau diversifié** : le réseautage à l'ère de l'IA ne doit pas se limiter aux personnes de votre secteur ou de votre créneau. Connectez-vous avec des professionnels en dehors de votre domaine, car cela peut conduire à de nouvelles idées et opportunités, et vous aider à développer une perspective plus large sur l'impact de l'IA dans tous les secteurs.

6. **Investir dans les relations** : Construire un réseau professionnel solide est une entreprise à long terme, et le maintien des relations est crucial. Envoyez des e-mails de suivi, partagez des articles ou des mises à jour et félicitez vos relations pour leurs réalisations. Une interaction régulière permet de maintenir votre réseau actif et de récolter des bénéfices à long terme.

8.1.4 Surmonter les défis de la mise en réseau à l'ère de l'IA

Comme pour toute compétence, le réseautage a aussi ses défis, en particulier dans le monde en évolution rapide et axé sur l'IA. Voici quelques problèmes courants auxquels les professionnels sont confrontés et comment les surmonter :

- **La fatigue du réseau** : avec une liste sans cesse croissante de connexions et de plates-formes, il peut être écrasant et épuisant de gérer votre réseau. Priorisez votre temps et votre énergie en vous concentrant sur les contacts et les réseaux les plus pertinents pour vos objectifs de carrière. Investissez dans le développement de relations plus profondes avec quelques relations clés au lieu d'accumuler une longue liste de relations superficielles.

- **S'adapter au réseautage virtuel :** à mesure que de plus en plus d'événements et d'interactions se déplacent en ligne en raison des progrès technologiques et des circonstances mondiales, la navigation sur le réseau virtuel peut sembler intimidante. Adoptez le changement en apprenant de nouveaux outils et plateformes, et adaptez votre style de communication aux formats en ligne.

- **Construire et maintenir la confiance :** à l'ère de l'IA, la confiance et la crédibilité sont essentielles. Il peut être difficile d'établir la confiance avec de nouvelles connexions, en particulier dans les environnements virtuels. Soyez authentique et investissez du temps pour apprendre à connaître personnellement vos relations. Le partage d'expériences et de connaissances et l'offre de soutien contribueront grandement à favoriser la confiance et à établir des relations solides.

Garder une longueur d'avance à l'ère de l'IA nécessite un apprentissage constant, de l'adaptabilité et un solide réseau professionnel. En adoptant les nouvelles technologies, en cultivant des relations et en investissant dans l'apprentissage tout au long de la vie, vous pouvez vous assurer de rester visible et viable sur le marché du travail de demain.

8.1 Identifier les bons réseaux en IA

Vous devez avoir entendu l'adage "Ce n'est pas ce que vous savez, c'est qui vous savez" au moins une fois dans votre vie. Cela n'a jamais été aussi vrai qu'aujourd'hui dans le monde en évolution rapide de l'intelligence artificielle (IA) et de son influence omniprésente sur plusieurs industries. Le réseautage est un élément essentiel pour réussir sa carrière à l'ère de l'IA. L'identification des bons réseaux vous donnera non seulement accès à des ressources précieuses, mais peut également vous aider à trouver des liens vers des opportunités d'emploi, à partager des connaissances et des idées et à créer un système de soutien.

8.1.1 Événements et conférences de l'industrie

L'un des moyens les plus simples de commencer à entrer en contact avec des professionnels de l'IA consiste à assister à des événements et à des conférences de l'industrie. Voici quelques-unes des conférences les plus pertinentes ciblant l'IA et les domaines connexes :

1. **NeurIPS** : Conference on Neural Information Processing Systems est la plus grande série de conférences sur l'apprentissage automatique et les neurosciences computationnelles. Cette conférence se concentre sur les domaines de pointe de l'IA, tels que l'apprentissage en profondeur et l'apprentissage par renforcement.
2. **ICML** : International Conference on Machine Learning est un lieu de référence pour présenter les avancées les plus récentes en matière d'apprentissage automatique.
3. **IJCAI** : Conférence conjointe internationale sur l'intelligence artificielle a lieu tous les deux ans et présente les dernières réalisations de la recherche sur l'IA à travers le monde.

4. **AAAI** : Conférence sur l'Intelligence Artificielle organisée par l'Association pour l'Avancement de l'Intelligence Artificielle est un événement phare dans le domaine de l'IA, proposant des programmes étudiants, des ateliers et des tutoriels.

En dehors de ces événements mondiaux, envisagez d'assister à des événements locaux ou régionaux et à des rencontres pour réseauter avec des professionnels de l'IA dans votre région. Vous pouvez utiliser des sites Web comme Meetup.com pour découvrir des groupes locaux d'IA ou d'apprentissage automatique.

8.1.2 Communautés en ligne

Avec la croissance explosive de l'IA, de nombreuses communautés en ligne ont vu le jour où les professionnels partagent leurs connaissances, leurs recherches et leurs opportunités d'emploi. Rejoignez ces réseaux et participez activement aux discussions sur les sujets d'actualité en matière d'IA, posez des questions ou partagez vos connaissances.

1. **LinkedIn** : La plate-forme de réseautage professionnel LinkedIn contient plusieurs groupes axés sur l'IA où vous pouvez trouver des offres d'emploi, interagir avec d'autres professionnels et partager des informations.
2. **Reddit** : des communautés telles que r/learnmachinelearning, r/datascience, r/artificial et r/computervision sont d'excellents endroits pour participer à des discussions sur des sujets liés à l'IA, partager des ressources et apprendre des autres.
3. **AI Stack Exchange** : Cette plateforme de questions-réponses est dédiée à répondre aux questions liées à l'IA où vous pouvez apprendre auprès de

professionnels expérimentés ou aider les aspirants passionnés d'IA.

4. **Github** : En participant à des projets d'IA open-source, vous pouvez affiner vos compétences techniques tout en collaborant avec d'autres professionnels expérimentés.

8.1.3 Réseautage sur votre lieu de travail actuel

À l'ère de l'IA, il est de plus en plus essentiel de favoriser un réseau interne au sein de votre organisation. Comme les employés dotés de compétences uniques sont en forte demande, la connexion avec des collègues peut conduire à de nouvelles opportunités et collaborations essentielles pour le perfectionnement en IA.

1. **Assister aux événements de l'entreprise** : Les événements organisationnels, les séminaires ou les sessions de formation peuvent être d'excellentes occasions de se connecter avec des collègues intéressés par l'IA ou travaillant sur des projets d'IA. Assistez à ces événements et engagez-vous dans des conversations significatives.

2. **Rejoignez des groupes ou des forums internes** : de nombreuses organisations disposent de plateformes ou de forums internes pour partager des connaissances, des projets en cours et des tendances. Engagez-vous activement dans de tels groupes et établissez votre présence en tant que professionnel axé sur l'IA.

3. **Collaborez sur des projets interfonctionnels** : recherchez des projets au sein de votre organisation où vous pouvez apporter vos connaissances et votre expertise liées à l'IA, en établissant des liens avec d'autres équipes et en améliorant vos compétences au cours du processus.

8.1.4 Établir des connexions durables

Un réseautage réussi ne consiste pas seulement à échanger des informations de contact avec des inconnus. Il s'agit de construire des relations durables basées sur une compréhension mutuelle, des intérêts communs et des valeurs partagées. Voici quelques conseils pour vous aider à établir des liens durables à l'ère de l'IA :

1. **Soyez authentique et curieux** : abordez le réseautage avec l'intention d'apprendre, de grandir et d'aider les autres. Intéressez-vous véritablement aux personnes avec qui vous vous connectez et apprenez à connaître leurs intérêts et leurs objectifs.
2. **Engagez-vous constamment** : restez en contact avec vos contacts en engageant régulièrement des conversations pertinentes, en partageant des ressources ou en fournissant des mises à jour sur votre propre progression de carrière.
3. **Réciprocité et soutien** : Un réseau florissant se construit sur le soutien mutuel. Offrez des informations ou une assistance précieuses à vos contacts, et ils seront plus susceptibles de faire de même pour vous.
4. **Continuez à vous développer** : n'ayez pas peur de toucher de nouvelles personnes dans le domaine de l'IA. Connectez-vous avec des professionnels qui peuvent offrir de nouvelles perspectives ou idées pour assurer une croissance et un développement constants.

En conclusion, établir et entretenir des réseaux solides à l'ère de l'IA nécessitera une approche proactive, un véritable intérêt pour le domaine et une volonté de contribuer à la croissance de la communauté. En participant à des événements axés sur l'IA, en rejoignant des communautés en ligne, en collaborant avec des collègues et en favorisant des relations significatives, vous garderez non seulement une longueur d'avance dans l'industrie en évolution rapide, mais vous consoliderez également votre position en tant que professionnel précieux dans l'écosystème de l'IA.

Exploiter la puissance des médias sociaux et des plateformes en ligne

À l'ère de l'intelligence artificielle (IA), il est important de garder une longueur d'avance afin de garantir votre place sur le marché du travail. Comme dans toute industrie ou domaine, le réseautage est essentiel. Cette section explique comment vous pouvez utiliser efficacement les médias sociaux et les plateformes en ligne à votre avantage, établir des connexions précieuses et rester à jour avec le paysage de l'IA en constante évolution.

LinkedIn : le réseau professionnel

Si vous n'êtes pas déjà sur LinkedIn, c'est le moment de vous inscrire. Cette plate-forme est spécialement conçue pour la mise en réseau et la connexion de professionnels de divers secteurs. Voici comment démarrer afin de tirer le meilleur parti de votre compte LinkedIn :

1. **Créez un profil fort et convaincant** . Votre profil LinkedIn est votre CV en ligne, alors assurez-vous d'inclure une photo professionnelle, un résumé bien rédigé et un historique de travail détaillé qui met en évidence vos réalisations et vos expériences pertinentes pour l'IA.

2. **Connectez-vous avec des personnes clés dans le domaine de l'IA** . Recherchez et suivez des leaders de l'industrie, des chercheurs en IA, des scientifiques des données ou des professionnels travaillant dans des entreprises axées sur l'IA. S'engager dans des conversations significatives avec ces personnes pourrait mener à des références potentielles, à des opportunités d'emploi ou simplement à des informations précieuses.

3. **Rejoignez et participez à des groupes axés sur l'IA** . Trouvez et devenez actif dans des groupes centrés sur les discussions, la recherche et les actualités sur l'IA. Engagez des conversations significatives, publiez des commentaires réfléchis et partagez du contenu pertinent afin de créer de la visibilité pour votre profil et de démontrer votre passion et votre expertise dans le domaine.

4. **Suivez les entreprises et les organisations liées à l'IA** . En suivant ces entités, vous resterez au courant des dernières nouvelles, des opportunités d'emploi et des avancées dans l'industrie de l'IA. Ces connaissances peuvent s'avérer précieuses lors des entretiens d'embauche, augmentant vos chances de vous démarquer en tant que candidat bien informé et engagé auprès de la communauté de l'IA.

Blogs, newsletters et sites Web : rester à jour et informé

Se tenir au courant des dernières nouvelles, percées et tendances en matière d'IA est essentiel pour maintenir la pertinence dans ce domaine en constante évolution. Voici quelques façons d'utiliser les ressources en ligne pour rester informé :

1. **Abonnez-vous aux blogs et aux newsletters liés à l'IA** . Suivez des sources réputées qui couvrent les actualités, les articles, les recherches et les discussions sur l'IA. Certaines options populaires incluent la section intelligence artificielle de Medium, Towards Data Science et le blog Machine Learning Mastery.
2. **Parcourez les sites Web et les publications en ligne centrés sur l'IA** . Des sites Web comme arXiv, un référentiel d'articles de recherche dans divers domaines scientifiques, peuvent constituer une riche ressource pour se tenir au courant des dernières recherches sur l'IA. Des publications telles que la newsletter AI Alignment peuvent également vous aider à vous tenir au courant des derniers développements.
3. **Configurez Google Alerts pour les sujets liés à l'IA** . Configurez des alertes régulières sur l'IA, l'apprentissage automatique et les domaines connexes pour rester informé des nouvelles et des avancées pertinentes au fur et à mesure qu'elles se produisent.

Cours en ligne et webinaires : apprentissage continu

Acquérir de nouvelles compétences pertinentes dans le domaine de l'IA peut considérablement améliorer vos chances d'obtenir un emploi dans ce domaine. Les cours en ligne et les webinaires peuvent être un moyen économique et pratique de renforcer vos connaissances.

1. **Suivez des cours en ligne axés sur l'IA** . Explorez les plates-formes d'apprentissage en ligne populaires telles que Coursera, edX ou Udacity pour trouver des cours liés à l'IA qui correspondent à vos intérêts et à

vos objectifs de carrière. Ces plateformes proposent souvent des cours gratuits ou à faible coût, qui peuvent vous aider à développer de nouvelles compétences ou à approfondir vos connaissances existantes sur l'IA.

2. **Participer à des webinaires liés à l'IA** . Les webinaires offrent un moyen interactif d'apprendre des experts de l'industrie sur des sujets, des tendances ou des études de cas spécifiques à l'IA. Inscrivez-vous et assistez à des webinaires dans vos domaines d'intérêt pour développer en permanence votre base de connaissances sur l'IA.

Événements de réseautage, conférences et rencontres : rencontrer des personnes partageant les mêmes idées

Rencontrer et établir des liens avec des personnes qui partagent une passion pour l'IA peut déboucher sur des opportunités d'emploi, des collaborations ou simplement un solide réseau de soutien. Recherchez et assistez à des événements locaux et virtuels afin de rencontrer des professionnels partageant les mêmes idées et d'élargir votre réseau.

1. **Assistez à des conférences et à des séminaires axés sur l'IA** . En participant à ces événements, vous aurez l'occasion d'apprendre auprès de conférenciers de premier plan, d'assister à des ateliers et de réseauter avec des professionnels de la communauté de l'IA.
2. **Rejoignez les meetups locaux sur l'IA** . Explorez des plateformes comme Meetup.com pour trouver et assister à des rassemblements axés sur l'IA dans votre région. Ces événements décontractés et informels sont souvent d'excellentes occasions de se

connecter avec des personnes qui partagent vos intérêts et votre passion pour l'IA.

3. **Tirez parti des communautés en ligne axées sur l'IA** . Participez aux forums en ligne, aux canaux Slack et aux serveurs Discord liés à l'IA afin de réseauter avec d'autres professionnels et passionnés, poser des questions, partager des connaissances et des ressources et établir une forte présence en ligne.

En conclusion, exploiter efficacement la puissance des médias sociaux et des plateformes en ligne, combinée à la participation à des événements de réseautage locaux et virtuels, peut améliorer considérablement vos chances de rester en tête à l'ère de l'IA. En apprenant continuellement, en créant des liens et en restant informé, vous resterez bien équipé pour réussir dans ce domaine en évolution rapide.

8.1 L'importance du réseautage à l'ère de l'IA

Alors que l'intelligence artificielle continue de perturber les industries traditionnelles et de rendre certains emplois obsolètes, il est plus important que jamais de garder une longueur d'avance en investissant dans les relations personnelles et en établissant des relations professionnelles. Le réseautage est une compétence cruciale à développer à l'ère de l'IA pour vous aider à accéder à de nouvelles opportunités, à apprendre des experts dans le domaine et à rester informé des dernières tendances et évolutions.

8.1.1 Pourquoi le réseautage est important

À l'ère de l'IA et de l'automatisation accrue, la sécurité de l'emploi est une préoccupation croissante pour de nombreuses personnes. À mesure que les technologies basées sur l'IA évoluent, elles entraîneront des changements dans la main-d'œuvre et la demande de différents ensembles de compétences. Une façon d'augmenter votre valeur en tant que professionnel et de rester compétitif consiste à étendre constamment votre réseau dans l'industrie.

Voici quelques raisons pour lesquelles le réseautage est essentiel à l'ère de l'IA :

- **Accès aux opportunités d'emploi** : Bien que les sites d'emploi et les sites Web de recrutement soient un excellent moyen de trouver des postes vacants, de nombreux emplois ne sont pas annoncés et sont pourvus grâce à des références personnelles. Le réseautage peut vous exposer à ces opportunités « cachées » en vous connectant avec des personnes de votre secteur susceptibles de connaître des offres d'emploi ou des projets à venir.
- **Exposition aux nouvelles idées et tendances** : le réseautage vous permet de puiser dans les connaissances et l'expérience de vos pairs, des leaders de l'industrie et des innovateurs dans le domaine de l'IA. Assister à des conférences, des ateliers et des événements liés à l'IA vous aidera non seulement à rester informé des dernières nouvelles et tendances, mais vous donnera également l'opportunité de réseauter avec des professionnels partageant les mêmes idées.
- **Personal Branding** : À l'ère de l'IA, avoir une marque personnelle forte est tout aussi essentiel que posséder un solide ensemble de compétences techniques. Construire et maintenir un réseau professionnel améliorera votre marque personnelle et vous établira en tant qu'expert dans votre domaine. Votre réputation au sein de votre réseau est

essentielle, car les gens peuvent vous référer à leurs relations pour des opportunités d'emploi ou des collaborations potentielles.

- **Collaboration et partenariats** : L'industrie de l'IA évolue constamment et progresse rapidement, et il est essentiel de collaborer avec d'autres professionnels pour apprendre, innover et résoudre les problèmes plus efficacement. Le réseautage peut vous présenter des collaborateurs potentiels, des partenaires ou même des mentors qui peuvent vous fournir des conseils et un soutien précieux.
- **Soutien émotionnel** : le réseautage ne consiste pas seulement à échanger des cartes de visite et à ajouter des personnes sur LinkedIn. Il s'agit également de se connecter avec des personnes partageant les mêmes idées qui peuvent fournir un soutien émotionnel pendant les hauts et les bas de votre parcours professionnel. Avoir un réseau de soutien peut vous aider à surmonter les défis et les incertitudes engendrés par le rythme rapide de l'adoption de l'IA.

8.1.2 Comment réseauter à l'ère de l'IA

Maintenant que nous avons discuté de l'importance du réseautage à l'ère de l'IA, explorons quelques conseils et stratégies pratiques pour vous aider à développer efficacement votre réseau.

- **Rejoignez des groupes et des communautés liés à l'IA et à la technologie** : pour étendre votre réseau professionnel, rejoignez des groupes spécifiques à l'industrie sur les plateformes de médias sociaux, les forums en ligne et les événements hors ligne. Certains groupes populaires liés à l'IA incluent le groupe AI Tech sur LinkedIn, le subreddit Machine

Learning et des groupes de rencontre locaux. S'engager de manière significative avec les membres du groupe en participant à des discussions, en partageant des ressources et en aidant les autres avec des questions ou des problèmes qu'ils pourraient avoir.

- **Assistez à des événements et des conférences de réseautage** : les événements de réseautage, les conférences et les ateliers sont d'excellentes occasions de rencontrer des professionnels, des innovateurs et des leaders de l'IA. Utilisez des applications et des sites Web spécifiques à l'événement pour planifier des réunions avec les participants et les exposants. N'oubliez pas d'apporter vos cartes de visite et de préparer votre argumentaire éclair pour les présentations.
- **Tirez parti des médias sociaux** : des plates-formes telles que LinkedIn, Twitter et Facebook sont des outils essentiels pour le réseautage à l'ère numérique. Utilisez ces plateformes pour interagir avec des personnes qui partagent votre objectif d'apprendre et de rester pertinent à l'ère de l'IA. Interagissez avec leur contenu en aimant, en commentant, en partageant et en répondant à leurs publications.
- **Collaborez sur des projets** : Participez à des projets open source ou à des défis et concours liés à l'IA pour démontrer vos compétences, apprendre des experts et réseauter avec d'autres participants. Non seulement cela vous aidera à affiner vos compétences, mais cela vous permettra également de vous connecter avec d'autres professionnels partageant les mêmes idées qui peuvent vous aider à faire progresser votre carrière dans le domaine.
- **Développez vos compétences relationnelles** : Établir des relations et un réseautage efficaces nécessite de solides compétences relationnelles

telles que la communication, l'empathie et l'intelligence émotionnelle. Être un auditeur actif est crucial, tout comme s'engager dans des conversations significatives qui montrent votre véritable intérêt pour le travail et les objectifs de l'autre personne.

- **Entretenir des relations** : Construire un réseau solide ne consiste pas seulement à rencontrer de nouvelles personnes ; il s'agit également d'entretenir les relations existantes. Communiquez régulièrement avec vos contacts, offrez votre aide et votre expertise en cas de besoin et tenez-vous au courant de leur évolution de carrière.

En conclusion, le réseautage à l'ère de l'IA est un facteur essentiel pour garder une longueur d'avance et rester compétitif sur le marché du travail. En établissant des liens solides, en apprenant constamment et en collaborant, vous serez mieux placé pour prospérer au sein d'une main-d'œuvre axée sur l'IA en constante évolution.

9. Naviguer dans l'automatisation des tâches : stratégies pour survivre à la perte ou à la transition d'emploi

Alors que l'automatisation des tâches devient de plus en plus répandue sur le lieu de travail moderne, il est essentiel que les travailleurs gardent une longueur d'avance et restent compétitifs sur le marché du travail. Que vous soyez confronté à une perte d'emploi ou à une période de transition dans votre carrière, il existe des stratégies que vous pouvez adopter pour renforcer vos compétences et assurer une conduite plus fluide à travers la tempête de l'IA. Dans ce chapitre, nous discuterons des avantages de la reconversion et de l'amélioration des compétences, et fournirons des conseils sur la manière d'exploiter avec succès ces outils pour maintenir la pertinence dans la main-d'œuvre de l'ère de l'IA.

Comprendre la reconversion et le perfectionnement

- *La reconversion* implique l'acquisition de compétences entièrement nouvelles, souvent avec l'intention de passer à un rôle ou à un secteur différent. Cela nécessite généralement un investissement en temps important et peut impliquer de suivre des cours, d'assister à des ateliers ou d'obtenir des certifications afin d'acquérir la maîtrise d'un nouveau domaine.

- *L'amélioration des compétences* consiste à renforcer vos compétences existantes en acquérant des compétences avancées ou complémentaires pertinentes pour votre profession actuelle. Cela vous place dans une position plus forte pour évoluer parallèlement aux avancées technologiques dans votre domaine, augmentant ainsi la probabilité que les employeurs continuent à trouver de la valeur dans ce que vous apportez à la table.

La reconversion et le perfectionnement sont des éléments essentiels pour pérenniser votre carrière à l'ère de l'IA. Alors que les technologies d'automatisation continuent de gagner du terrain dans tous les secteurs, il est peu probable que le simple fait d'essayer de maintenir votre trajectoire de carrière actuelle soit une stratégie efficace à long terme.

Évaluer vos compétences et identifier les opportunités de croissance

Pour commencer le processus de reconversion et de perfectionnement, vous devez d'abord comprendre vos compétences actuelles et identifier les domaines dans lesquels une formation supplémentaire pourrait améliorer vos perspectives de carrière.

1. **Effectuez un audit des compétences personnelles :** faites l'inventaire de vos compétences actuelles, y compris les capacités techniques (hard) et soft (intelligence interpersonnelle et émotionnelle). Envisagez d'utiliser des outils en ligne ou des services professionnels pour vous aider à identifier vos forces et vos faiblesses, ainsi que les domaines potentiels d'amélioration.
2. **Faites des recherches sur les industries et les rôles les plus touchés par l'automatisation :** ciblez

les professions susceptibles d'être touchées par l'IA ou l'automatisation robotique. Déterminez si votre domaine actuel devient de plus en plus sensible à l'automatisation et réfléchissez à la manière dont un changement de rôle potentiel pourrait bénéficier à vos perspectives d'emploi à long terme.

3. **Explorez les cheminements de carrière potentiels en dehors de votre secteur actuel :** s'il s'avère nécessaire de changer de secteur d'activité ou de poste, identifiez des cheminements de carrière alternatifs qui vous intéressent et correspondent à vos aptitudes naturelles, vos forces et vos traits de personnalité.

4. **Recherchez des opportunités de réseautage :** assistez à des événements de l'industrie ou rejoignez des communautés et des groupes en ligne pertinents pour en savoir plus sur les tendances actuelles et les compétences nécessaires pour rester compétitif dans le domaine de votre choix. Le réseautage peut également vous aider à élargir vos relations professionnelles, en augmentant vos chances de trouver de nouvelles opportunités ou de trouver un emploi face à l'automatisation des tâches.

Élaborer un plan d'apprentissage et choisir les bonnes ressources

Une fois que vous avez évalué vos compétences et identifié des domaines de croissance ou de nouvelles opportunités de carrière, l'étape suivante consiste à élaborer un plan pour acquérir les compétences nécessaires pour effectuer une transition en douceur.

1. **Choisissez votre méthode d'apprentissage :** tenez compte de votre style d'apprentissage et de votre situation personnelle lorsque vous sélectionnez la

méthode pour votre parcours de reconversion ou de perfectionnement. Il existe une abondance de ressources disponibles, y compris des cours en ligne, des ateliers en personne, des apprentissages ou des programmes d'études structurés.

2. **Créez un calendrier :** déterminez la fréquence et la durée de vos sessions d'apprentissage et décidez d'un délai raisonnable pour la réalisation de vos objectifs de recyclage ou de perfectionnement. Soyez réaliste quant à ce que vous pouvez engager dans le développement personnel parallèlement à vos autres responsabilités.

3. **Surveillez vos progrès :** réévaluez régulièrement vos progrès et ajustez votre plan d'apprentissage au besoin. N'ayez pas peur de demander des ressources ou de l'aide supplémentaires si vous avez du mal à saisir de nouveaux concepts ou si vous prenez du retard. Restez flexible et apprenez des revers, car tout parcours de croissance personnelle ou professionnelle est susceptible d'avoir des hauts et des bas.

Maximiser l'impact de vos efforts de reconversion et de perfectionnement

Alors que vous vous efforcez d'élargir vos compétences ou de faire évoluer votre carrière, utilisez les conseils suivants pour vous assurer que vos efforts donnent les meilleurs résultats possibles.

- **Recherchez des certifications reconnues par l'industrie :** lors de la sélection de vos ressources d'apprentissage, donnez la priorité à celles qui fournissent des certifications pertinentes pour l'industrie. Des titres facilement compréhensibles et appréciés par les employeurs potentiels peuvent aider à valider vos compétences dans de nouveaux domaines de compétences.

- **Exploitez la puissance d'un réseau professionnel :** tenez votre réseau professionnel informé de vos progrès en matière de perfectionnement et de reconversion. Soyez proactif dans l'établissement de nouvelles connexions et l'établissement de relations. Votre réseau peut fournir des commentaires, un soutien et des pistes d'emploi précieux pendant votre transition ou votre croissance de carrière.
- **Présentez vos réalisations :** mettez à jour votre CV et vos profils professionnels en ligne avec vos compétences et références nouvellement acquises. Expliquez vos expériences et comment vous avez évolué dans votre rôle actuel ou lors d'une transition de carrière. Cela aidera à présenter une plus grande proposition de valeur aux employeurs potentiels.

En cultivant un état d'esprit de croissance et en s'engageant à s'améliorer en permanence, il est possible de naviguer dans les eaux agitées de l'automatisation des tâches et de s'assurer une place continue au sein de la main-d'œuvre de l'ère de l'IA. La reconversion et le perfectionnement sont des stratégies inestimables qui peuvent débloquer de nouvelles opportunités de carrière et contribuer à pérenniser vos perspectives d'emploi pour les années à venir.

Adaptation à l'automatisation des tâches : un guide pour la transition et le réoutillage pour l'avenir piloté par l'IA

L'essor de l'intelligence artificielle (IA) et de l'automatisation a le potentiel de perturber considérablement le marché du travail. Les emplois dans divers secteurs sont automatisés et les employés doivent s'adapter à ce paysage changeant pour conserver leur emploi ou trouver de nouvelles opportunités de carrière.

Dans ce chapitre, nous discuterons de diverses stratégies qui peuvent vous aider à naviguer efficacement dans l'automatisation des tâches. Nous couvrirons quatre domaines principaux : comprendre l'impact de l'automatisation sur différentes industries, acquérir des compétences pertinentes et évolutives, réseauter et créer une image de marque personnelle, et être ouvert au changement.

Comprendre l'impact de l'automatisation sur différentes industries

Avant de commencer à planifier comment vous adapter à l'automatisation des tâches, il est essentiel de comprendre l'impact de l'automatisation sur votre secteur d'activité et votre poste. Savoir quels emplois présentent un risque d'automatisation plus élevé peut jeter les bases de la planification de votre futur cheminement de carrière.

Plusieurs ressources en ligne, telles que le rapport du McKinsey Global Institute sur l'avenir du travail, donnent un aperçu de la probabilité d'automatisation pour divers emplois et secteurs. Voici quelques tendances générales sur la façon dont les différentes industries sont touchées :

- **Les tâches très routinières** sont plus susceptibles d'être automatisées. De nombreux rôles dans la fabrication, le transport et la logistique impliquent des tâches répétitives qui peuvent être facilement remplacées par la robotique ou les systèmes d'IA.

- **Les emplois qui nécessitent de la créativité, de la pensée critique et de l'intelligence émotionnelle** sont moins susceptibles d'être automatisés. Ces rôles se retrouvent souvent dans des secteurs tels que l'éducation, la santé et les arts, car ces fonctions nécessitent encore une touche humaine importante.
- **Les emplois dans les domaines technologiques et les industries axées sur l'IA** présentent souvent un risque d'automatisation moindre, car ils impliquent des connaissances et des compétences plus spécialisées.

Acquérir des compétences pertinentes et pérennes

L'un des meilleurs moyens de naviguer dans l'ère de l'IA est d'acquérir des compétences qui resteront pertinentes même au milieu des avancées technologiques rapides. Voici quelques stratégies à considérer :

1. **Restez au courant des tendances de l'industrie** : lisez régulièrement des articles d'actualité, de recherche et de leadership éclairé liés à l'IA et à son impact sur le marché du travail. Cela peut vous aider à identifier les compétences recherchées et à aligner vos choix de carrière sur les besoins du marché.
2. **Investissez dans l'apprentissage continu** : Adoptez un état d'esprit d'apprentissage tout au long de la vie et restez à l'affût des compétences nouvelles et émergentes. Profitez des cours en ligne, des ateliers, des séminaires et des certifications professionnelles pour développer vos compétences.

3. **Maîtrisez à la fois les compétences techniques et non techniques** : Équilibrez votre expertise technique avec des compétences non techniques essentielles telles que la communication, la collaboration, la résolution de problèmes et l'adaptabilité. Ces compétences ne sont pas facilement reproduites par les systèmes d'IA et peuvent vous aider à vous démarquer sur le marché du travail.
4. **Se spécialiser dans l'IA et les technologies connexes** : à mesure que l'IA devient de plus en plus répandue sur le lieu de travail, les professionnels pouvant travailler aux côtés des systèmes d'IA seront très recherchés. Apprendre à construire, gérer et entretenir des systèmes d'IA peut ouvrir plusieurs opportunités d'emploi.

Réseautage et image de marque personnelle

Dans un marché du travail fortement influencé par l'automatisation, avoir un réseau professionnel solide et une marque personnelle peut vous rendre plus visible, vous aider à accéder à de nouvelles opportunités et vous établir comme un leader d'opinion dans votre secteur.

1. **Construisez votre présence en ligne** : Tirez parti des plateformes de médias sociaux comme LinkedIn, Twitter et des forums spécifiques à l'industrie pour mettre en valeur vos compétences, vos réalisations et votre expertise. Partagez régulièrement des nouvelles, des idées et du contenu de l'industrie pour vous établir en tant qu'expert compétent.
2. **Rejoignez des organisations professionnelles et assistez à des événements de l'industrie** : Devenir

un membre actif d'associations professionnelles et assister à des événements vous aidera à entrer en contact avec des professionnels de l'industrie et à rester informé des dernières tendances de l'industrie.

3. **Recherchez des mentors et des conseillers** : Trouvez des professionnels expérimentés ou des experts de l'industrie qui peuvent vous guider et vous conseiller, vous aider à développer vos compétences et vous offrir des opportunités de réseautage.

Être ouvert au changement

Enfin et surtout, accepter le changement et être ouvert à de nouvelles opportunités peut rendre votre carrière pérenne. Voici quelques façons de cultiver un état d'esprit flexible et adaptable :

1. **Recadrez votre perspective** : au lieu de voir l'automatisation comme une menace, considérez-la comme une opportunité d'évoluer vers de nouveaux rôles, secteurs ou domaines d'expertise. Abordez le changement avec curiosité et optimisme.
2. **Restez adaptable** : Soyez prêt à faire des changements dans votre cheminement de carrière au besoin. Évaluez vos compétences existantes et voyez comment elles peuvent être appliquées à de nouveaux rôles ou secteurs qui vous intéressent.
3. **Explorez des projets parallèles ou en freelance** : Travailler sur des projets parallèles ou travailler en freelance peut vous aider à vous exposer à de nouvelles industries, à développer de nouvelles compétences et à créer un portefeuille solide.

En conclusion, naviguer dans l'automatisation des tâches implique de comprendre l'impact de l'IA sur votre secteur, de perfectionner vos compétences, de créer des réseaux et de rester ouvert au changement. En vous concentrant sur ces quatre stratégies, vous pouvez prospérer et créer une carrière épanouissante à l'ère de l'IA en évolution rapide.

9.1 Comprendre les impacts de l'IA sur votre industrie

La première étape de la navigation dans l'automatisation des tâches consiste à comprendre comment l'IA et l'automatisation affectent votre secteur particulier. Familiarisez-vous avec les dernières tendances dans votre domaine et faites attention aux technologies qui gagnent du terrain. Abonnez-vous aux blogs de l'industrie, suivez les leaders d'opinion sur les réseaux sociaux, assistez à des conférences et à des webinaires et rejoignez des forums en ligne pertinents pour rester informé sur la façon dont l'IA façonne votre industrie.

Voici quelques changements importants à surveiller :

- Réduction de la demande de tâches manuelles ou répétitives
- Changements dans les ensembles de compétences nécessaires
- Changements dans le processus de prise de décision, car l'IA peut aider à l'aide à la décision ou à l'analyse prédictive

9.1.1 Identifier les emplois et les rôles vulnérables

Une fois que vous avez une bonne compréhension des tendances de l'IA dans votre secteur, identifiez les emplois, les rôles ou les tâches au sein de votre organisation qui sont les plus susceptibles d'être automatisés. Gardez à l'esprit que l'automatisation ne signifie pas toujours une perte totale d'emploi ; cela peut simplement signifier que la nature du travail va changer. En reconnaissant les aspects vulnérables de votre rôle, vous pouvez mieux préparer l'avenir et vous adapter en conséquence.

9.1.2 Restez informé des dernières technologies

Tenez-vous informé des dernières technologies d'IA et de leurs applications dans votre secteur. Comprendre les avantages potentiels d'une technologie vous permettra d'identifier les opportunités pour votre propre perfectionnement ou requalification.

Même si vous ne travaillez pas activement avec la technologie, posséder des connaissances sur ses impacts potentiels peut vous aider à identifier les industries ou les rôles qui peuvent être plus sensibles à l'automatisation des tâches.

9.2 Développer et cultiver de nouvelles compétences recherchées

Pour minimiser le risque de perte d'emploi dû à l'IA et à l'automatisation, concentrez-vous sur le développement de compétences à la fois demandées et difficiles ou coûteuses à automatiser. Acquérir une expertise dans les technologies liées à l'IA et investir dans d'autres compétences "humaines" cruciales qui complètent l'automatisation.

9.2.1 Mettre l'accent sur les compétences relationnelles

Même si votre travail n'est pas directement affecté par l'IA, le fait d'avoir de solides compétences non techniques vous rendra plus précieux en tant que membre de l'équipe et améliorera votre capacité à vous adapter à de nouvelles situations. Certaines compétences non techniques clés incluent :

- Communication : la communication écrite et orale est essentielle pour collaborer avec des collègues et transmettre des informations dérivées de l'IA.
- Adaptabilité : la capacité d'apprendre, de désapprendre et de changer à mesure que l'écosystème de l'IA évolue est essentielle pour assurer la pérennité de votre carrière.
- Créativité : L'innovation et la résolution de problèmes sont cruciales lorsque l'on travaille avec de nouvelles technologies et que l'on développe des solutions novatrices.
- Intelligence émotionnelle : Comprendre et gérer ses propres émotions, ainsi que reconnaître et influencer les émotions des autres, resteront indispensables dans un monde où l'empathie et les liens humains sont encore fondamentaux.

9.2.2 Acquérir des compétences techniques

Si les soft skills sont essentielles, l'acquisition de compétences techniques liées à l'IA vous rendra indispensable sur le marché du travail. Certaines compétences techniques précieuses incluent:

- Analyse des données : développer une compréhension des techniques de traitement, de visualisation et de modélisation des données.
- Programmation : apprenez des langages de programmation comme Python ou R qui sont couramment utilisés dans les projets d'IA et d'apprentissage automatique.
- Apprentissage automatique : familiarisez-vous avec les algorithmes et les techniques d'apprentissage automatique, y compris l'apprentissage supervisé et non supervisé, l'apprentissage en profondeur et l'apprentissage par renforcement.

- Cloud computing : acquérez une expertise dans l'utilisation de plates-formes et de services basés sur le cloud, essentiels au déploiement et à la maintenance des systèmes d'IA.

9.3 Réseautez et tirez parti de vos connexions

Établissez des liens avec des professionnels de divers secteurs et rôles qui partagent vos intérêts et vos objectifs liés à l'IA. Le réseautage avec des personnes partageant les mêmes idées est bénéfique pour échanger des idées, découvrir de nouvelles opportunités et fournir un soutien lors des transitions professionnelles.

Les stratégies de réseautage efficaces comprennent :

- Rejoindre des communautés en ligne et des forums liés à l'IA
- Assister à des conférences, des rencontres, des hackathons et des ateliers axés sur l'IA
- S'engager avec des experts en intelligence artificielle, des influenceurs et des leaders d'opinion sur les plateformes de médias sociaux telles que LinkedIn et Twitter
- Participer à des projets ou initiatives collaboratifs pour créer un portefeuille partagé mettant en valeur vos capacités

9.4 Apprendre et s'adapter en continu

L'IA est un domaine en constante évolution, avec de nouveaux développements et des percées qui se produisent tout le temps. Pour rester compétitif et pertinent, il est crucial d'adopter un état d'esprit d'apprentissage continu et d'amélioration de soi.

Voici quelques façons de maintenir vos connaissances et vos compétences :

- S'inscrire à des cours en ligne pertinents, à des programmes de certification ou à des programmes diplômants proposés par des universités ou d'autres établissements d'enseignement
- S'engager dans un apprentissage autonome via des ressources en ligne, telles que des blogs, des didacticiels, des podcasts et des webinaires
- Se connecter avec des mentors ou des pairs qui peuvent fournir des conseils, de la motivation et des idées
- Poursuivre et maintenir les certifications professionnelles pertinentes en IA et dans les domaines connexes

9.5 Développer une marque personnelle

Alors que l'IA continue de remodeler le marché du travail, il sera de plus en plus important de se différencier des autres demandeurs d'emploi. L'établissement d'une marque personnelle signalera votre proposition de valeur unique aux employeurs.

Les éléments clés de l'image de marque personnelle comprennent :

- Démontrer constamment votre expertise, vos connaissances et vos capacités dans les domaines liés à l'IA
- Construire une présence en ligne via les réseaux sociaux et les sites Web de réseautage professionnel, tels que LinkedIn
- Développer un portfolio qui présente vos projets, vos réalisations et vos compétences

- Générer du contenu, tel que des billets de blog, des articles ou des présentations, qui mettent en valeur vos idées et votre leadership éclairé en IA

En résumé, naviguer avec succès dans l'automatisation des tâches à l'ère de l'IA implique de comprendre l'impact de l'IA sur votre secteur, de développer un ensemble de compétences diversifiées et complémentaires, de réseauter avec des professionnels partageant les mêmes idées, d'apprendre et de s'adapter en permanence et de créer une marque personnelle forte. En adoptant ces stratégies, vous pouvez améliorer vos perspectives de carrière, maintenir la sécurité de l'emploi et tirer le meilleur parti des nouvelles opportunités offertes par l'IA et l'automatisation.

9.1 Comprendre et faire face à la perte ou à la transition d'emploi

L'adoption croissante de l'intelligence artificielle dans diverses industries a entraîné un changement important sur le marché du travail. Alors que la révolution technologique axée sur l'IA a créé de nombreuses nouvelles opportunités d'emploi, elle a également entraîné la perte de nombreux emplois traditionnels. Ce phénomène peut être à la fois exaltant et effrayant, car l'automatisation des tâches apporte de nouvelles possibilités, mais aussi un potentiel de chômage ou la nécessité de passer à d'autres cheminements de carrière. Pour exceller à l'ère de l'IA, il est essentiel de comprendre les défis posés par l'automatisation des tâches et d'adopter des stratégies efficaces pour surmonter les pièges potentiels de la perte ou de la transition d'emploi.

9.1.1 Rôles de travail existants face à l'automatisation

L'automatisation des tâches peut affecter un large éventail de professions, mais certains emplois risquent davantage d'être perdus au profit de l'IA que d'autres. Une étude de l'Université d'Oxford intitulée « L'avenir de l'emploi » indique que plus de 47 % de l'emploi total aux États-Unis risque d'être automatisé. Les professions dont les tâches sont routinières ou répétitives et qui nécessitent moins de créativité humaine ont tendance à être les plus vulnérables. Ces emplois se répartissent généralement en trois catégories :

1. **Emplois physiques de routine** : Le travail manuel dans l'agriculture, la fabrication, la construction et d'autres industries similaires risque fortement d'être automatisé, car les machines et les robots peuvent effectuer ces tâches plus efficacement et plus précisément.
2. **Emplois cognitifs de routine** : les emplois de bureau, administratifs et de traitement de données, tels que les commis à la saisie de données, les dactylographes et les réceptionnistes, sont également très sensibles à l'automatisation, car les algorithmes et les machines pilotés par l'IA peuvent traiter de grandes quantités d'informations plus précisément et plus rapidement. .
3. **Emplois de service** : les rôles qui impliquent des interactions personnelles répétitives, tels que les caissiers, les représentants du service client et les télévendeurs, risquent d'être remplacés par des chatbots et des kiosques en libre-service alimentés par l'IA.

Malgré ces défis, les individus peuvent prendre des mesures proactives pour faire face à la perte d'emploi ou à la transition à l'ère de l'IA.

9.1.2 Adopter et s'adapter à l'IA

Face à l'automatisation des tâches basée sur l'IA, il est essentiel d'adapter et d'améliorer vos compétences pour maintenir votre pertinence sur le marché du travail. Voici quelques conseils utiles :

1. **Acquérir des compétences pertinentes** : identifier et acquérir des compétences qui complètent la technologie de l'IA. Par exemple, apprendre à travailler avec des données, des langages de programmation ou la cybersécurité peut aider à sécuriser une position dans les industries axées sur l'IA. De plus, le développement de compétences non techniques telles que la pensée critique, la résolution de problèmes et la créativité est vital, car ces compétences sont moins sensibles à l'automatisation.
2. **Apprentissage continu** : restez informé des avancées technologiques, des tendances de l'industrie et de l'impact de l'IA sur votre profession actuelle. Améliorer régulièrement vos compétences en participant à des ateliers, des séminaires et des cours en ligne peut vous aider à améliorer votre employabilité et vous préparer à d'éventuelles transitions professionnelles.
3. **Réseautage** : Établissez des liens avec des professionnels des industries axées sur l'IA et assistez à des événements de l'industrie pour vous tenir au courant des opportunités d'emploi et des avancées en matière d'IA. Le réseautage peut également aider à découvrir des opportunités

d'emploi cachées et à fournir des informations précieuses sur divers domaines émergents.

9.1.3 Passer à des emplois résistants à l'IA

Une autre stratégie consiste à réorienter votre carrière vers des rôles moins susceptibles d'être automatisés par l'IA. Les emplois qui impliquent la gestion des personnes, l'exercice de la créativité, le déploiement de l'empathie humaine et la prise de décisions complexes sont généralement plus résistants à l'automatisation de l'IA. Voici des exemples de telles carrières :

1. **Rôles de gestion et de leadership** : Des études ont montré que les rôles de gestion, tels que les PDG, les directeurs généraux et les responsables des ressources humaines, sont moins susceptibles d'être automatisés, car ils nécessitent des capacités de réflexion stratégique, de négociation et de prise de décision.
2. **Postes créatifs et artistiques** : Les emplois qui exigent des talents créatifs, comme les designers, les artistes, les auteurs et les comédiens, sont moins sensibles à l'automatisation de l'IA, car ces rôles nécessitent de l'ingéniosité et de l'imagination humaines.
3. **Emplois sociaux et de soins personnels** : les professions qui impliquent des interactions interpersonnelles et de l'empathie, telles que les psychologues, les travailleurs sociaux, les prestataires de soins de santé et les enseignants, sont moins sujettes à l'automatisation car ces rôles reposent sur les émotions et la compréhension humaines.

9.1.4 Avoir un plan B

Outre la mise à niveau des compétences et la prise en compte des emplois résistants à l'IA, il est également judicieux d'avoir un plan de secours en cas de perte d'emploi ou de transition. Un plan B comprend :

1. **Épargne** : Avoir un fonds d'urgence avec au moins six mois de frais de subsistance épargnés peut offrir une certaine sécurité financière pendant une perte d'emploi ou une période de transition.
2. **Side Hustles** : Poursuivre des concerts à temps partiel, travailler en indépendant ou créer une petite entreprise vous permet de diversifier vos sources de revenus et pourrait être l'occasion d'explorer des cheminements de carrière alternatifs moins sensibles à l'automatisation.
3. **Conseil en carrière** : demander conseil à des consultants en carrière ou assister à des ateliers et à des séances de coaching peut aider à identifier des options de carrière alternatives, à affiner les stratégies de recherche d'emploi et à développer des réseaux professionnels.

9.1.5 Adopter un état d'esprit de croissance

Enfin, et peut-être le plus important, il est crucial de maintenir un état d'esprit de croissance et de rester flexible. Adoptez le changement, considérez les défis comme des opportunités de croissance et soyez ouvert à l'exploration de nouveaux cheminements de carrière qui correspondent à l'évolution du marché du travail. En améliorant vos compétences, en restant informé et en cultivant une attitude résiliente, vous pouvez naviguer avec succès dans l'automatisation des tâches et prospérer à l'ère de l'IA.

Naviguer dans l'automatisation des tâches : stratégies pour survivre à la perte ou à la transition d'emploi

Naviguer dans les défis et les opportunités présentés par l'automatisation des tâches et l'IA est une stratégie de carrière clé pour quiconque souhaite conserver son emploi ou en trouver un nouveau à l'ère de l'IA. Ci-dessous, nous discutons de plusieurs stratégies pour aider à faire face aux pertes d'emplois ou aux transitions causées par l'automatisation basée sur l'IA.

1. Développer une mentalité de croissance

Accepter les changements apportés par la technologie de l'IA et s'y adapter peut être plus facile si vous développez un état d'esprit de croissance. Un état d'esprit de croissance est la conviction que vos capacités et votre intelligence peuvent être développées grâce au dévouement, au travail acharné et à l'apprentissage par l'expérience. En vous concentrant sur la croissance, vous pouvez devenir plus ouvert aux opportunités de développement professionnel qui affineront vos compétences et vous prépareront au futur marché du travail.

2. Analysez vos compétences et identifiez les compétences transférables

Il est important d'examiner vos compétences existantes, d'identifier les lacunes dans vos connaissances et de reconnaître les capacités qui pourraient être transférables à de nouveaux rôles dans les industries axées sur l'IA. Les compétences transférables sont cruciales dans la préparation des transitions professionnelles, et les employeurs potentiels peuvent valoriser autant, sinon plus, votre capacité d'adaptation et vos compétences en résolution de problèmes par rapport à votre expérience dans un domaine spécifique.

3. Mettez continuellement à jour vos compétences

L'une des raisons pour lesquelles l'ère de l'IA présente de nouveaux défis aux professionnels est que la technologie progresse si rapidement. Pour garder une longueur d'avance, il est important d'actualiser en permanence vos compétences par le biais d'un développement professionnel, d'ateliers, de certifications ou même d'une formation continue. Tenez-vous au courant des tendances de votre secteur et identifiez les domaines clés où l'acquisition de nouvelles compétences pourrait améliorer vos perspectives d'emploi.

4. Réseauter et dialoguer avec des experts de l'industrie

Construire un réseau professionnel solide est crucial à l'ère de l'IA, surtout si votre travail est menacé en raison de l'automatisation. Connectez-vous avec des experts de l'industrie sur les médias sociaux, assistez à des conférences ou à des ateliers et rejoignez des forums en ligne ou des associations professionnelles dans votre domaine. Le réseautage peut créer de nouvelles opportunités et vous aider à rester au courant des tendances, des perspectives d'emploi et de l'évolution des compétences requises dans votre secteur.

5. Diversifiez vos revenus

À l'ère de l'IA, il peut être avantageux d'avoir plusieurs sources de revenus pour mieux gérer les risques de perte ou de changement d'emploi. Envisagez de démarrer une activité parallèle, de conseil ou de travail indépendant, qui peut non seulement vous fournir un revenu supplémentaire, mais également vous aider à développer vos compétences et votre réseau. La diversification de vos revenus peut fournir un filet de sécurité pendant les périodes de transition, offrant une flexibilité financière et des ressources pour poursuivre de nouvelles formations ou opportunités.

6. Soyez proactif dans la recherche d'emploi

Dans un marché du travail axé sur l'IA, attendre que des opportunités se présentent est une recette pour prendre du retard. Restez proactif dans votre recherche d'emploi, identifiez de nouvelles offres d'emploi et soyez prêt à postuler à des postes même s'ils ne correspondent pas parfaitement à vos compétences actuelles. Une approche proactive peut améliorer considérablement vos chances d'obtenir un nouvel emploi à l'ère de l'IA.

7. Restez informé des derniers développements de l'IA

Tenez-vous au courant des derniers développements en matière d'IA, d'apprentissage automatique et d'autres technologies pertinentes. Comprenez l'impact qu'ils peuvent avoir sur votre industrie et votre fonction, et ajustez votre plan de carrière en conséquence. Envisagez de vous abonner à des newsletters, de lire des blogs liés à l'IA et d'écouter des podcasts ou de regarder des vidéos d'experts dans le domaine.

8. Adoptez les technologies de l'IA dans votre rôle actuel

Si la technologie de l'IA fait son entrée sur votre lieu de travail, au lieu d'y résister, adoptez-la et apprenez à l'intégrer à votre rôle actuel. La capacité à s'adapter et à intégrer de nouvelles technologies est une compétence importante pour rester compétitif et pertinent sur le marché du travail. En étant proactif et en montrant une volonté de travailler avec l'IA, vous augmentez vos chances de rester dans votre emploi ou de trouver de nouvelles opportunités.

9. Envisagez un pivot de carrière

Si votre industrie ou votre fonction est particulièrement sujette à l'automatisation basée sur l'IA, envisagez de vous tourner vers un domaine adjacent qui a des perspectives plus prometteuses. Cela pourrait impliquer un déménagement latéral au sein de votre organisation, la poursuite d'un nouveau cheminement de carrière dans un domaine connexe, ou même le démarrage d'une nouvelle entreprise dans un secteur différent. Identifiez vos passions et vos compétences transférables pour prendre la décision la plus éclairée concernant votre réorientation de carrière.

10. Adoptez un état d'esprit résilient

Rester positif et résilient pendant les incertitudes de l'ère de l'IA sera crucial pour votre succès à long terme. Reconnaissez qu'une perte ou un changement d'emploi peut être inévitable et considérez-le comme une opportunité d'apprendre et de grandir plutôt qu'un revers. Garder un état d'esprit résilient peut vous aider à surmonter les défis, à vous adapter à de nouvelles situations et, finalement, à prospérer à l'ère de l'IA.

En conclusion, l'ère de l'IA s'accompagne de défis et d'opportunités. Adopter un état d'esprit de croissance, développer des compétences transférables et rester proactif dans votre recherche d'emploi vous aidera à survivre et à prospérer dans ce nouveau paysage. Acceptez les changements sur le marché du travail et soyez prêt à vous adapter, à apprendre et à évoluer tout au long de votre carrière.

10. Conclusion : se préparer à un avenir guidé par l'intelligence artificielle

Se préparer à un avenir piloté par l'intelligence artificielle

Alors que notre voyage à travers "Upskill for AI: How to Keep Your Job or Find a New One in the AI Era" touche à sa fin, il est important de faire le point sur ce que nous avons appris et de réfléchir à la manière dont nous pouvons appliquer ces connaissances à nos vies et nos carrières vont de l'avant. L'intelligence artificielle transforme le monde à un rythme sans précédent, créant à la fois des opportunités inestimables et des défis uniques. Pour réussir dans ce paysage en constante évolution, il est crucial d'être proactif, adaptable et agile.

Dans cette conclusion, nous résumerons les principaux enseignements de nos discussions et fournirons des conseils sur la manière dont vous pouvez progresser, tant sur le plan personnel que professionnel, pour prospérer dans un avenir façonné par l'intelligence artificielle.

Points clés à retenir

1. **Comprendre l'intelligence artificielle :** Comprendre les concepts et principes fondamentaux de l'intelligence artificielle est essentiel pour rester en tête à l'ère de l'IA. Familiarisez-vous avec les

composants de base de l'IA, tels que l'apprentissage automatique, l'apprentissage en profondeur et le traitement du langage naturel, et restez informé des dernières avancées et percées dans le domaine.

2. **L'importance de l'apprentissage tout au long de la vie :** l'IA va remodeler les industries d'une manière que nous ne pouvons pas prévoir. Pour que vos compétences restent pertinentes, engagez-vous dans l'apprentissage continu et l'adaptabilité. Investissez régulièrement du temps dans le perfectionnement et la reconversion, et développez un état d'esprit de croissance qui englobe le potentiel de l'IA dans tous les aspects de la vie.

3. **Développer des compétences techniques :** l'acquisition de compétences techniques, en particulier dans les langages de programmation, la science des données et l'apprentissage automatique, sera de plus en plus essentielle pour les demandeurs d'emploi à l'avenir. Recherchez des cours et des certifications qui peuvent vous aider à acquérir des compétences dans ces domaines et envisagez de poursuivre un diplôme spécialisé si votre trajectoire de carrière correspond à des rôles nécessitant une expertise technique approfondie.

4. **Mettre l'accent sur les compétences non techniques :** Bien que les compétences techniques soient importantes, les compétences non techniques telles que la pensée critique, l'intelligence émotionnelle et l'adaptabilité le sont également. À mesure que les systèmes d'IA gèrent des tâches plus routinières et répétitives, la valeur de la créativité, de l'empathie et du jugement humains ne fera qu'augmenter. Pratiquez et développez régulièrement ces compétences non techniques essentielles pour vous démarquer sur le marché du travail axé sur l'IA.

5. **Explorer les opportunités de carrière en IA :** presque tous les secteurs seront touchés par l'IA d'une manière ou d'une autre, il est donc crucial d'examiner vos options de carrière et d'identifier les secteurs et les rôles qui correspondent à vos intérêts et capacités. Gardez un œil sur les sites d'emploi et les réseaux professionnels pour rester informé des rôles nouveaux et émergents dans l'IA et la science des données.

6. **Réseautage et collaboration :** Établir des liens avec des personnes dans le domaine de l'IA peut conduire à de nouvelles opportunités et perspectives. Assistez à des conférences, rejoignez des forums en ligne et participez à des ateliers ou des hackathons axés sur l'IA pour dialoguer avec des personnes qui partagent votre passion et votre expertise.

7. **Promouvoir une IA éthique :** Alors que nous avançons dans l'ère de l'IA, il est essentiel de garder à l'esprit les implications éthiques de la technologie de l'IA. Défendez le développement et le déploiement responsables de l'IA, et soyez conscient des risques potentiels associés aux algorithmes biaisés, à la surveillance et à la perte de confidentialité.

Avancer

Avec ces plats à emporter à l'esprit, les prochaines étapes consistent à mettre ces connaissances en pratique. Investissez dans votre éducation, soyez proactif pour vous adapter aux nouvelles circonstances et, surtout, soyez ouvert aux possibilités que l'ère de l'IA a à offrir.

- **Créer un plan d'apprentissage personnel :** Élaborez un plan d'apprentissage structuré et réaliste qui vous aidera à rester au fait des compétences souhaitées et des tendances de l'industrie. Fixez-vous des objectifs en fonction de vos besoins et de vos aspirations, et évaluez régulièrement vos progrès.

- **Restez au courant des développements de l'IA :** prenez l'habitude de lire des articles et de suivre les actualités liées à l'IA, ainsi que de rejoindre des groupes et des forums liés à l'IA pour favoriser l'échange de connaissances et la collaboration.
- **Tirez parti des ressources en ligne :** Internet offre une multitude de ressources pour l'apprentissage et le perfectionnement. Des cours et certifications en ligne aux webinaires, podcasts et blogs, les moyens d'élargir vos connaissances et de perfectionner vos compétences ne manquent pas.
- **Trouvez un mentor :** recherchez des personnes qui peuvent offrir des conseils, un soutien et une expertise dans le domaine de l'IA que vous souhaitez. Un mentor peut non seulement vous aider à naviguer dans le paysage complexe de l'IA, mais également vous fournir des connexions et des ressources précieuses.
- **Construisez votre portefeuille et votre présence en ligne :** présentez vos connaissances, vos compétences et vos projets sur des plates-formes de réseautage professionnelles telles que LinkedIn, et créez un site Web ou un blog personnel pour vous établir en tant qu'expert dans le domaine de l'IA.

En prenant ces mesures et en vous préparant activement à un avenir guidé par l'intelligence artificielle, vous sécuriserez non seulement votre carrière, mais contribuerez également au développement éthique et durable de l'IA. N'oubliez pas que le succès à l'ère de l'IA ne réside pas dans la maîtrise de l'IA elle-même, mais dans la compréhension et l'adoption de la manière dont l'IA peut augmenter, compléter et améliorer les capacités humaines.

Alors, tracez votre chemin, cultivez vos compétences et n'arrêtez jamais d'apprendre - l'avenir de l'IA est entre vos mains.

10.1 Récapitulatif : Compétences cruciales pour l'ère de l'IA

Afin de rester pertinent sur le marché du travail de plus en plus axé sur l'IA, il est essentiel de perfectionner les compétences techniques et générales. Tout au long de ce livre, nous avons identifié plusieurs voies fondamentales d'amélioration des compétences que l'on peut suivre pour garantir leur pertinence dans ce monde en évolution rapide.

10.1.1 Compétences techniques

Pour ceux qui cherchent à acquérir et à développer des compétences techniques spécifiques à l'IA et aux technologies connexes, nous avons discuté de diverses ressources d'apprentissage et domaines d'intérêt, notamment :

- Science des données et analytique : à mesure que les données deviennent la monnaie fondamentale du monde de l'IA, la maîtrise des techniques de science des données deviendra de plus en plus précieuse.
- Machine Learning et Deep Learning : découvrez les mécanismes sous-jacents et la mise en œuvre des algorithmes d'IA.
- Langages de programmation : Python, R et Julia font partie des langages de programmation essentiels pour quiconque souhaite travailler dans le domaine de l'IA.

- Ingénierie de l'IA : Maîtrisez le développement de logiciels axés sur l'IA et l'intégration de systèmes d'IA dans l'infrastructure d'entreprise existante.

10.1.2 Compétences non techniques

Les compétences non techniques sont des attributs personnels non techniques qui gagneront en importance à mesure que l'automatisation et l'IA gèrent des tâches plus répétitives et banales. Les compétences non techniques les plus demandées à l'ère de l'IA incluent :

- Pensée critique et résolution de problèmes : apprenez à analyser efficacement les informations et à développer des solutions innovantes.
- Créativité : cultivez votre capacité à sortir des sentiers battus et utilisez l'IA comme outil pour alimenter de nouvelles idées.
- Intelligence émotionnelle : développer l'empathie, la conscience de soi et la capacité de collaborer efficacement avec des collègues humains et IA.
- Adaptabilité : Restez agile et soyez prêt à évoluer face à de nouveaux défis ou opportunités.

10.2 L'apprentissage continu comme clé du succès

À l'ère de l'IA, rester statique n'est pas une option. Un engagement envers l'apprentissage tout au long de la vie est le seul moyen de vous assurer que vous restez à jour et pertinent dans ce paysage en évolution rapide. Le concept d'« agilité d'apprentissage » – la capacité d'apprendre, de désapprendre et de réapprendre – deviendra indispensable. Profitez de la richesse des ressources en ligne, profitez des cours en ligne ouverts et massifs (MOOC) et engagez-vous dans des plateformes éducatives qui proposent des cours et des certifications en IA et dans d'autres domaines pertinents.

10.3 Favoriser un état d'esprit de croissance

Pour prospérer à l'ère de l'IA, il faut cultiver un état d'esprit de croissance - la conviction que les capacités et l'intelligence peuvent être développées et améliorées au fil du temps. Cet état d'esprit encourage la résilience et favorise la volonté de relever de nouveaux défis. Les échecs et les revers sont considérés comme des opportunités d'apprendre et de grandir, plutôt que comme des indicateurs de faiblesses ou de lacunes inhérentes. Dans un monde où l'automatisation, l'IA et les avancées technologiques redéfinissent continuellement ce qui est possible, les individus les plus performants seront ceux qui possèdent un état d'esprit de croissance et démontrent leur capacité à s'améliorer et à s'adapter en permanence.

10.4 Adaptation à un monde de collaboration homme-machine

La future main-d'œuvre ne comprendra pas uniquement des robots et des algorithmes d'IA, et ne sera pas non plus entièrement dominée par les humains. Au lieu de cela, le résultat le plus probable est un monde où les humains et l'IA coexistent et collaborent, travaillant ensemble en harmonie. Pour que les individus puissent relever le défi, ils doivent apprendre à exploiter le potentiel de l'IA, à l'intégrer dans leurs flux de travail et à tirer parti de l'IA en tant qu'outil puissant qui améliore leur créativité, leurs capacités de prise de décision et leur productivité globale.

10.5 Réflexions finales : embrasser le changement et se préparer à un avenir meilleur

L'intelligence artificielle recèle sans aucun doute un grand potentiel pour révolutionner les industries, accélérer les percées scientifiques et remodeler les sociétés. En améliorant vos compétences de manière proactive et en adoptant un état d'esprit de croissance, vous vous armez des outils nécessaires pour réussir à l'ère de l'IA, en restant pertinent et compétitif dans un monde en constante évolution.

Alors que nous concluons ce livre, rappelez-vous que la responsabilité de l'adaptation à un avenir axé sur l'IA incombe à chacun de nous. En tant qu'individus, nous devons nous efforcer de poursuivre notre développement personnel, notre recyclage et notre perfectionnement. Ce n'est qu'alors que nous pourrons exploiter pleinement la puissance de l'IA pour libérer notre véritable potentiel, faisant finalement du monde un endroit meilleur, plus productif et plus efficace pour tous.

Clause de non-responsabilité :

Clause de non-responsabilité relative au contenu assisté par l'IA :

Le contenu de ce livre a été généré avec l'aide de modèles de langage d'intelligence artificielle (IA) comme CHatGPT et Llama. Bien que des efforts aient été faits pour assurer l'exactitude et la pertinence des informations fournies, l'auteur et l'éditeur ne donnent aucune garantie quant à l'exhaustivité, la fiabilité ou l'adéquation du contenu à un usage spécifique. Le contenu généré par l'IA peut contenir des erreurs, des inexactitudes ou des informations obsolètes, et les lecteurs doivent faire preuve de prudence et vérifier indépendamment toute information avant de s'y fier. L'auteur et l'éditeur ne peuvent être tenus responsables des conséquences découlant de l'utilisation ou de la confiance accordée au contenu généré par l'IA dans ce livre.

Clause de non-responsabilité générale :

Nous utilisons des outils de génération de contenu pour créer ce livre et obtenons une grande partie du matériel à partir d'outils de génération de texte. Nous mettons à disposition du matériel et des données financières par le biais de nos Services. Pour ce faire, nous nous appuyons sur une variété de sources pour recueillir ces informations. Nous pensons qu'il s'agit de sources fiables, crédibles et exactes. Cependant, il peut arriver que les informations soient incorrectes.

NOUS NE FAISONS AUCUNE REVENDICATION OU REPRÉSENTATION QUANT À L'EXACTITUDE, L'EXHAUSTIVITÉ OU LA VÉRITÉ DE TOUT MATÉRIEL CONTENU DANS NOTRE livre. NOUS NE SERONS PAS RESPONSABLES DES ERREURS, DES INEXACTITUDES OU DES OMISSIONS, ET DÉCLINONS SPÉCIFIQUEMENT TOUTE GARANTIE IMPLICITE OU DE QUALITÉ MARCHANDE OU D'ADÉQUATION À UN USAGE

PARTICULIER ET NE SERONS EN AUCUN CAS RESPONSABLES DE TOUTE PERTE DE PROFIT OU DE TOUT AUTRE DOMMAGE COMMERCIAL OU MATÉRIEL, Y COMPRIS, MAIS SANS S'Y LIMITER À DES DOMMAGES SPÉCIAUX, ACCESSOIRES, CONSÉCUTIFS OU AUTRES ; OU POUR DES RETARDS DANS LE CONTENU OU LA TRANSMISSION DES DONNÉES SUR NOTRE livre, OU QUE LE LIVRE SERA TOUJOURS DISPONIBLE.

En plus de ce qui précède, il est important de noter que les modèles de langage comme ChatGPT sont basés sur des techniques d'apprentissage en profondeur et ont été formés sur de grandes quantités de données textuelles pour générer un texte de type humain. Ces données textuelles incluent une variété de sources telles que des livres, des articles, des sites Web et bien plus encore. Ce processus de formation permet au modèle d'apprendre des modèles et des relations dans le texte et de générer des sorties cohérentes et adaptées au contexte.

Les modèles de langage comme ChatGPT peuvent être utilisés dans une variété d'applications, y compris, mais sans s'y limiter, le service client, la création de contenu et la traduction linguistique. Dans le service client, par exemple, les modèles linguistiques peuvent être utilisés pour répondre rapidement et avec précision aux demandes des clients, libérant ainsi des agents humains pour gérer des tâches plus complexes. Dans la création de contenu, les modèles de langage peuvent être utilisés pour générer des articles, des résumés et des légendes, ce qui permet aux créateurs de contenu d'économiser du temps et des efforts. Dans la traduction linguistique, les modèles linguistiques peuvent aider à traduire un texte d'une langue à une autre avec une grande précision, contribuant ainsi à éliminer les barrières linguistiques.

Il est important de garder à l'esprit, cependant, que même si les modèles de langage ont fait de grands progrès dans la génération de texte de type humain, ils ne sont pas parfaits. Il existe toujours des limites à la compréhension du modèle du contexte et de la signification du texte, et il peut générer des sorties incorrectes ou offensantes. En tant que tel, il est important d'utiliser les modèles de langage avec prudence et de toujours vérifier l'exactitude des sorties générées par le modèle.

Avis de non-responsabilité financière

Ce livre est dédié à vous aider à comprendre le monde de l'investissement en ligne, à éliminer toutes les craintes que vous pourriez avoir au début et à vous aider à choisir de bons investissements. Notre objectif est de vous aider à prendre le contrôle de votre bien-être financier en vous offrant une solide éducation financière et des stratégies d'investissement responsable. Cependant, les informations contenues dans ce livre et dans nos services sont fournies à titre d'information générale et à des fins éducatives uniquement. Il ne vise pas à remplacer les conseils juridiques, commerciaux et/ou financiers d'un professionnel agréé. L'activité d'investissement en ligne est une question compliquée qui nécessite une diligence raisonnable financière sérieuse pour chaque investissement afin de réussir. Il vous est fortement conseillé de rechercher les services de professionnels qualifiés et compétents avant de vous engager dans tout investissement susceptible d'avoir un impact sur vos finances. Ces informations sont fournies par ce livre, y compris la façon dont il a été créé, collectivement appelés les « Services ».

Soyez prudent avec votre argent. N'utilisez que des stratégies dont vous comprenez les risques potentiels et que vous êtes à l'aise de prendre. Il est de votre responsabilité d'investir judicieusement et de protéger vos informations personnelles et financières.

Nous croyons que nous avons une grande communauté d'investisseurs qui cherchent à réussir et à s'entraider pour réussir financièrement grâce à l'investissement. En conséquence, nous encourageons les gens à commenter sur notre blog et peut-être à l'avenir sur notre forum. De nombreuses personnes contribueront à cette question, cependant, il y aura des moments où des personnes fourniront des informations trompeuses, trompeuses ou incorrectes, involontairement ou autrement.

Vous ne devez JAMAIS vous fier aux informations ou opinions que vous lisez sur ce livre, ou sur tout livre auquel nous pourrions être lié. Les informations que vous lisez ici et dans nos services doivent être utilisées comme point de départ pour votre PROPRE RECHERCHE dans diverses entreprises et stratégies d'investissement afin que vous puissiez prendre une décision éclairée sur où et comment investir votre argent.

NOUS NE GARANTISSONS PAS LA VÉRACITÉ, LA FIABILITÉ OU L'EXHAUSTIVITÉ DES INFORMATIONS FOURNIES DANS LES COMMENTAIRES, LE FORUM OU D'AUTRES ESPACES PUBLICS DU livre OU DANS TOUT HYPERLIEN APPARAISSANT SUR NOTRE livre.

Nos services sont fournis pour vous aider à comprendre comment prendre de bonnes décisions d'investissement et de finances personnelles pour vous-même. Vous êtes seul responsable des décisions d'investissement que vous prenez. Nous ne serons pas responsables des erreurs ou omissions sur le livre, y compris dans les articles ou les publications, pour les hyperliens intégrés dans les messages, ou pour tout résultat obtenu à partir de l'utilisation de ces informations. Nous ne serons pas non plus responsables de toute perte ou dommage, y compris les dommages indirects, le cas échéant, causés par la confiance d'un lecteur dans toute information obtenue grâce à l'utilisation de nos Services. Veuillez ne pas utiliser notre livre si vous n'acceptez pas l'auto-responsabilité de vos actions.

La Securities and Exchange Commission (SEC) des États-Unis a publié des informations supplémentaires sur la cyberfraude pour vous aider à la reconnaître et à la combattre efficacement. Vous pouvez également obtenir une aide supplémentaire sur les programmes d'investissement en ligne et sur la manière de les éviter dans les livres suivants : http://www.sec.gov et http://www.finra.org, et http://www.nasaa.org ce sont chacune des organisations mises en place pour aider à protéger les investisseurs en ligne.

Si vous choisissez d'ignorer nos conseils et de ne pas faire de recherche indépendante sur les diverses industries, entreprises et actions, vous avez l'intention d'investir et de vous fier uniquement aux informations, «conseils» ou opinions trouvées dans notre livre - vous reconnaissez que vous avez fait une décision consciente et personnelle de votre plein gré et n'essayera pas de nous tenir responsables des résultats de celle-ci en aucune circonstance. Les services offerts ici ne visent pas à agir en tant que votre conseiller en placement personnel. Nous ne connaissons pas tous les faits pertinents vous concernant et/ou vos besoins individuels, et nous ne déclarons ni ne prétendons que l'un de nos Services est adapté à vos besoins. Vous devriez vous adresser à un conseiller en placement inscrit si vous recherchez des conseils personnalisés.

Liens vers d'autres sites. Vous pourrez également créer des liens vers d'autres livres de temps à autre, via notre site. Nous n'avons aucun contrôle sur le contenu ou les actions des livres auxquels nous sommes liés et ne serons pas responsables de tout ce qui se produit en relation avec l'utilisation de ces livres. L'inclusion de tout lien, sauf indication contraire expresse, ne doit pas être considérée comme une approbation ou une recommandation de ce livre ou des opinions qui y sont exprimées. Vous, et vous seul, êtes responsable de faire votre propre diligence raisonnable sur tout livre avant de faire affaire avec eux.

Avis de non-responsabilité et limitations : en aucun cas, y compris, mais sans s'y limiter, la négligence, nous, ni nos partenaires, le cas échéant, ni l'un de nos affiliés, ne serons tenus responsables ou redevables, directement ou indirectement, de toute perte ou dommage, quel qu'il soit, résultant de de ou en relation avec l'utilisation de nos Services, y compris, sans s'y limiter, les dommages directs, indirects, consécutifs, inattendus, spéciaux, exemplaires ou autres pouvant en résulter, y compris, mais sans s'y limiter, les pertes économiques, les blessures, la maladie ou le décès ou tout tout autre type de perte ou de dommage, ou de réactions inattendues ou indésirables aux suggestions contenues dans le présent document ou qui vous sont autrement causés ou qui vous auraient été causés en relation avec votre utilisation de tout conseil, bien ou service que vous recevez sur le Site, quelle qu'en soit la source, ou tout autre livre que vous avez pu visiter via des liens de notre livre, même si vous avez été informé de la possibilité de tels dommages.

La loi applicable peut ne pas autoriser la limitation ou l'exclusion de responsabilité ou de dommages indirects ou consécutifs (y compris, mais sans s'y limiter, la perte de données), de sorte que la limitation ou l'exclusion ci-dessus peut ne pas s'appliquer à vous. Cependant, en aucun cas la responsabilité totale de notre part envers vous pour tous les dommages, pertes et causes d'action (qu'elles soient contractuelles, délictuelles ou autres) ne dépassera le montant que vous nous avez payé, le cas échéant, pour l'utilisation de notre Services, le cas échéant. Et en utilisant notre Site, vous acceptez expressément de ne pas essayer de nous tenir responsables des conséquences résultant de votre utilisation de nos Services ou des informations qui y sont fournies, à tout moment ou pour quelque raison que ce soit, quelles que soient les circonstances.

Clause de non-responsabilité relative aux résultats spécifiques. Nous nous engageons à vous aider à prendre le contrôle de votre bien-être financier par l'éducation et l'investissement. Nous proposons des stratégies, des opinions, des ressources et d'autres services spécialement conçus pour réduire le bruit et le battage médiatique afin de vous aider à prendre de meilleures décisions en matière de finances personnelles et d'investissement. Cependant, il n'y a aucun moyen de garantir qu'une stratégie ou une technique soit efficace à 100%, car les résultats varient selon les individus, ainsi que les efforts et l'engagement qu'ils déploient pour atteindre leur objectif. Et, malheureusement, nous ne vous connaissons pas. Par conséquent, en utilisant et/ou en achetant nos services, vous acceptez expressément que les résultats que vous recevez de l'utilisation de ces services ne dépendent que de vous. En outre, vous acceptez expressément que tous les risques d'utilisation et toutes les conséquences d'une telle utilisation soient à votre charge exclusive. Et que vous n'essayerez pas de nous tenir responsables à tout moment, et pour quelque raison que ce soit, quelles que soient les circonstances.

Comme stipulé par la loi, nous ne pouvons pas et ne faisons aucune garantie quant à votre capacité à obtenir des résultats particuliers en utilisant tout service acheté via notre livre. Rien sur cette page, notre livre ou l'un de nos services n'est une promesse ou une garantie de résultats, y compris que vous gagnerez une somme d'argent particulière ou, de l'argent du tout, vous comprenez également que tous les investissements comportent des risques et vous risquez en fait de perdre de l'argent en investissant. En conséquence, tous les résultats indiqués dans notre livre, sous forme de témoignages, d'études de cas ou autres, ne sont qu'illustratifs de concepts et ne doivent pas être considérés comme des résultats moyens ou des promesses de performances réelles ou futures.

Témoignages et exemples : Tous les témoignages, études de cas ou exemples présentés dans ce livre sont fournis à titre indicatif uniquement et ne garantissent pas que les lecteurs obtiendront des résultats similaires. Le succès individuel dans le trading dépend de divers facteurs, notamment la situation financière personnelle, la tolérance au risque et la capacité à appliquer de manière cohérente les stratégies et techniques discutées.